九州絶品温泉

ドコ行こ?

〜温泉天国♨九州美肌の湯〜

温泉アナリスト
北出恭子

ペガサス

目次

門司港
門司
小倉
玄界灘
壱岐島
福岡県
鹿児島本線
北九州JCT
山陽新幹線
西戸崎
中津
日豊本線
伊予灘
宇佐
国東半島
筑肥線
博多
福岡
飯塚
甘木
太宰府
筑紫野
日田彦山線
杷木
天瀬高原
湯布院
速見
唐津
佐賀県
多久
鳥栖JCT
大分自動車道
由布院
別府
大分
伊万里
武雄温泉
久留米
日田
玖珠
久大本線
宇和海
佐賀大和
佐賀
佐世保
佐世保線
武雄JCT
臼杵
くじゅう
東九州自動車道
嬉野
新大牟田
大分県
長崎自動車道
長崎本線
大村線
佐伯
豊肥本線
豊後竹田
長崎県
阿蘇山
熊本
鶴御崎
長崎
諫早
島原湾
熊本県
雲仙
端島（軍艦島）
三角
高千穂
北方
延岡JCT
延岡南
新八代
八代JCT
天草
九州自動車道
日向市
天草灘
肥薩おれんじ鉄道
八代海
人吉
宮崎県
長島
高鍋
日向灘
出水
吉都線
小林
えびの
阿久根
九州新幹線
宮崎自動車道
上甑島
宮崎
清武JCT
川内
加治木JCT
霧島
隼人
都城
日南線
下甑島
鹿児島中央
末吉財部
日南
桜島
鹿児島
志布志
細田山
野間岬
鹿児島県
都井岬
枕崎
指宿枕崎線
指宿
佐多岬
0
50km

ぐる～り九州 温泉MAP

〔大分県〕

〔宮崎県〕

〔鹿児島県〕

〔熊本県〕

〔長崎県〕

〔佐賀県〕

〔福岡県〕

※本書に記載のデータ・情報は2016年３月現在のものです。同年４月の熊本地震による影響は記載されていません。ご利用の際は事前にお問い合わせ・ご確認ください。

ヌルツルに驚き! 究極のスキンケア温泉

ぬるっとした湯と木の感触が気持ちいい内湯の大浴場。

自噴
源泉100%
自家源泉
飲泉
露天風呂
貸切風呂
日帰り
宿泊
得 P156

大分県 別府市

神丘《かみおか》温泉 豊山荘《ほうざんそう》

大分自動車道別府ICの近く、九州横断道沿いに建つこぢんまりとした一軒宿。「神丘温泉」は若女将《わかおかみ》の祖父が掘り当て、かつて被爆者の療養施設〝別府原爆センター〟も設けられたほどのお墨付きの泉質。別府八湯の中では鉄輪《かんなわ》温泉に含まれます。鉄輪は弱酸性が主ですが、「豊山荘」の湯はアルカリ性。別府随一のヌルツル湯と評判です。

まず驚かされるのは、若女将の美白で透明感あるすっぴんの艶肌《つやはだ》。それが何よりの証明です。大浴場の湯船は総木造りで、ぬるっとした湯と木の感触がとても気持ちよい。ほのかに濁った葛湯《くずゆ》のようなとろんとろんの湯で、肌を触るのが楽しくなるほどのツルツル感。まるでコラーゲンやヒアルロン酸入りのとろみの強いローションの中に入っているよう。自家源泉から自噴する95℃の湯を水で薄めることなく、湯口からちょろちょろと出しながら温度調節をしています。泉質は溶存物質965㎎、総硫黄4.5㎎の単純硫黄泉で、穏やかで品の良い硫化水素臭がします。石けんのようにヌルヌルツルツルするのは、pH値9.1のアルカリ性で、硫酸ナトリウムの含有率が高く、天然の保湿成分といわれるメタケイ酸が263㎎、さらに炭酸イオンが37㎎も

アイコン

ご紹介する温泉の特徴・ポイントを簡潔に示すもので計16種類あります。いくつかご説明しますと、「自然湧出」は自然に湧いているとても貴重な温泉です。「自噴」は機械で汲み上げなくても湧出する温泉ですが、人工的に掘削したものも含まれます。「源泉100%」は本書では未加水・未加温とし、複数の源泉がある場合は一つでも該当すれば入れました。「日帰り」には比較的長時間滞在できる“日帰り入浴”と、主として入浴のみの“立ち寄り湯（入浴）”が含まれています。「㊢P～」は表記のページに特典が掲載されています。

QRコード

スマートフォン等のバーコードリーダーで読み取ることにより、その施設の公式HPを参照できます。なお、お使いの機種により読み取りできない場合がございます。また、公式HPのない施設につきましてはQRコードを入れていません。

※「QRコード」は株式会社デンソーウェーブの商標登録です。

本書の見方・特徴

“温泉いのち”の著者が泉質重視で九州の絶品温泉を厳選。ガイド本文を中心に、アイコンやkyoko's eye、温泉の感覚データ、お湯と施設の詳細データと、それぞれの“温泉のいま”を多面的に紹介。写真は温泉そのものをできるだけクローズアップしています。

Kyoko's eye

その温泉の特徴・魅力・おすすめポイントなどを簡潔に記しました。

温泉の感覚データ

それぞれの温泉の体感、特徴などを、著者が数値化（評価）しダイアグラムで表しました。

温泉データ

泉質、泉温、湧出量など基本となるデータは、各温泉から提供された温泉分析書や調査票、取材等をもとに記載しましたが、季節・天候・外気温ほか、多様な環境により変化し一定ではありません。あくまで調査時のデータとご理解ください。なお、本書では「源泉かけ流し100%」は未加水・未加温とし、複数の源泉がある場合は一つでも該当すれば記しました。

Kyoko's eye

★湯治場としても利用されていた皮膚病に良い湯
★葛湯のようにとろみのある最強の美肌湯
★温泉&岩盤浴が貸切個室で楽しめる
★日帰り昼食プランで鉄輪名物の地獄蒸し体験を

温泉の感覚データ

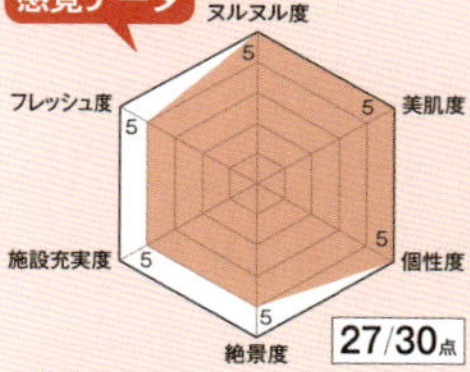

泉質：単純硫黄泉
（低張性-アルカリ性-高温泉）
泉温：95.6℃
湧出量：測定せず
pH：9.1
溶存物質総量：965mg/kg
色・香り・味：無色透明、硫化硫黄臭、甘味・たまご味
湧出形態：掘削自噴（深度170m）

源泉かけ流し100%、自家源泉、アメニティ（シャンプー、リンス、石けん、ボディソープ、ドライヤー〈有料〉）

DATA　宿泊・立ち寄り入浴可

☎0977-21-8080
住　所：大分県別府市小倉4組
営業時間：立ち寄り入浴12:00～20:00（土・休前日10:00～15:00）
定休日：不定休
客室数：11室（露天風呂付き客室5室、和室6室）
料　金：1泊2食付き9150円～、大浴場400円
チェックイン：15:00　チェックアウト：10:00
風　呂：内湯男女各1、貸切風呂6（家族湯1300円、露天風呂1800円、SGE湯2300円）、貸切岩盤浴（内湯付き、90分2名4000円）
食　事：地獄蒸し小尤包（しょうろんぽう）600～1000円ほか
駐車場：20台

内湯付き貸切岩盤浴も人気です。

地獄蒸しデッキは食材持ち込み可（30分500円）。

貸切露天風呂でゆっくりのんびり。

入っていることから。硫黄成分で血行を促進してデトックス&美白、アルカリ性の湯で皮脂や角質を除去、メタケイ酸で潤い補給と、まさにスキンケアができる美肌力アップの湯。別府に行った時は必ず入り、いつも1週間くらいは肌の調子が良いのです。

日帰り利用できる湯は大浴場以外は全て貸切で、露天風呂、家族湯、SGE湯、内湯付き岩盤浴があり、日帰り昼食プランも2種用意されています。自噴している天然の蒸気を用いた地獄蒸し体験、耐糖能異常（糖尿病）や高コレステロール血症が適応症として認められている飲泉も気になる方はぜひ！

DATA

それぞれの温泉にご記入いただいた調査票、HP、取材等をもとに掲載しました。宿泊、日帰り入浴、立ち寄り入浴（湯）に分かれますが、宿泊施設で立ち寄り・日帰り入浴（外来入浴）できる所が数多くあります。日帰りと立ち寄りは厳密な区分けがあるわけではなく、おおむね長時間滞在できそうな温泉を「日帰り」、主として入浴のみと思われる温泉を「立ち寄り」としました。あくまで目安とご理解ください。営業時間・定休日は主に日帰り・立ち寄り入浴（湯）におけるものです。

～はじめに～

「温泉なんてどこに入っても同じでしょう」「温泉にお金を使うのがもったいない」

そんな声を耳にしたことがきっかけで、本を書きたいという気持ちが強くなりました。時代の流れとともに変化してきたものの、人類はずっとずっと昔から温泉の恩恵を受けてきました。そんな地球のかけがえのない財産であり、恵みである温泉。特に私たち日本人は恵まれた環境にあり、47 都道府県すべてに温泉が湧き、世界トップクラスの湯量を誇り、泉質も多様で入浴スタイルも様々……。日本ほど入浴文化のある国は類をみませんし、日本人のDNAには「温泉好き」が刻まれているのでしょう。しかし生活の中に当たり前にありすぎて、温泉への感謝やありがたみが薄れてきているのではないか……、このまま温泉離れが進んで、昔から愛されている素晴らしい温泉が消えてしまうのではないか……、そんな危機感を感じざるを得ません。

なぜだろうか？　私なりに考え思うことは、こんな温泉大国に住んでいながら、日本人は温泉について知らなすぎる。温泉に行って美味しい食事を食べて、ゆっくりお湯に浸かってのんびりと過ごす……。それだけでももちろんいいのですが、例えば食事の際にその日の気分やメニュー内容、好みや価格などで選択しますよね？　食べる時は五感を使ってその料理の個性を楽しみます。温泉にも個性があり、一つとして同じものは存在しません。実際のところ「温泉なんてどこに入っても同じでしょう」と思っている方が大半だと思います。ただそれは知らないだけ、知る術《すべ》がないからだと思います。私もそうだったように。

本書に掲載している施設以外にも、九州には私が自ら運転しプライベートで何度も通う素晴らしい温泉がまだまだたくさんあります。今回は泉質の良さは言うまでもなく、温泉初心者でも比較的入りやすい施設を集めました。この本を読んで実際に温泉を巡ってみれば、これまでわからなかった温泉の「個性」がきっと見えてくるはずです。そして今こそ「温泉好き」が一人でも多く増えてくれることを願っています。

大分県

神丘温泉 豊山荘（別府市）

ひょうたん温泉（別府市 鉄輪温泉）

夢幻の里 春夏秋冬（別府市 堀田温泉）

豊前屋旅館（別府市 明礬温泉）

塚原温泉 火口乃泉（由布市）

神崎温泉 天海の湯（大分市）

ゆふいん泰葉（由布市 由布院温泉）

みるき～すぱサンビレッヂ（日田市 天ヶ瀬温泉）

七福温泉 宇戸の庄（玖珠町）

九重星生ホテル 山恵の湯（九重町 星生温泉）

郷の湯旅館（竹田市 長湯温泉）

七里田温泉館（竹田市 七里田温泉）

ヌルツルに驚き！
究極のスキンケア温泉

ぬるっとした湯と木の感触が気持ちいい内湯の大浴場。

自噴
源泉100%
自家源泉
飲泉
露天風呂
貸切風呂
日帰り
宿泊
得 P156

大分県 別府市

神丘温泉《かみおかおんせん》 豊山荘《ほうざんそう》

大分自動車道別府ICの近く、九州横断道沿いに建つこぢんまりとした一軒宿。「神丘温泉」は若女将《わかおかみ》の祖父が掘り当て、かつて被爆者の療養施設"別府原爆センター"も設けられたほどのお墨付きの泉質。別府八湯の中では鉄輪《かんなわ》温泉に含まれます。鉄輪は弱酸性が主ですが、「豊山荘」の湯はアルカリ性。別府随一のヌルツル湯と評判です。

まず驚かされるのは、若女将の美白で透明感あるすっぴんの艶肌《つやはだ》。それが何よりの証明です。大浴場の湯船は総木造りで、ぬるっとした湯と木の感触がとても気持ちよい。ほのかに濁った葛湯《くずゆ》のようなとろんとろんの湯で、肌を触るのが楽しくなるほどのツルツル感。まるでコラーゲンやヒアルロン酸入りのとろみの強いローションの中に入っているよう。自家源泉から自噴する95℃の湯を水で薄めることなく、湯口からちょろちょろと出しながら温度調節をしています。泉質は溶存物質965㎎、総硫黄4.5㎎の単純硫黄泉で、穏やかで品の良い硫化水素臭がします。石けんのようにヌルヌルツルツルするのは、pH値9.1のアルカリ性で、硫酸ナトリウムの含有率が高く、天然の保湿成分といわれるメタケイ酸が263㎎、さらに炭酸イオンが87㎎も

Kyoko's eye

- ★湯治場としても利用されていた皮膚病に良い湯
- ★葛湯のようにとろみのある最強の美肌湯
- ★温泉&岩盤浴が貸切個室で楽しめる
- ★日帰り昼食プランで鉄輪名物の地獄蒸し体験を

温泉の感覚データ

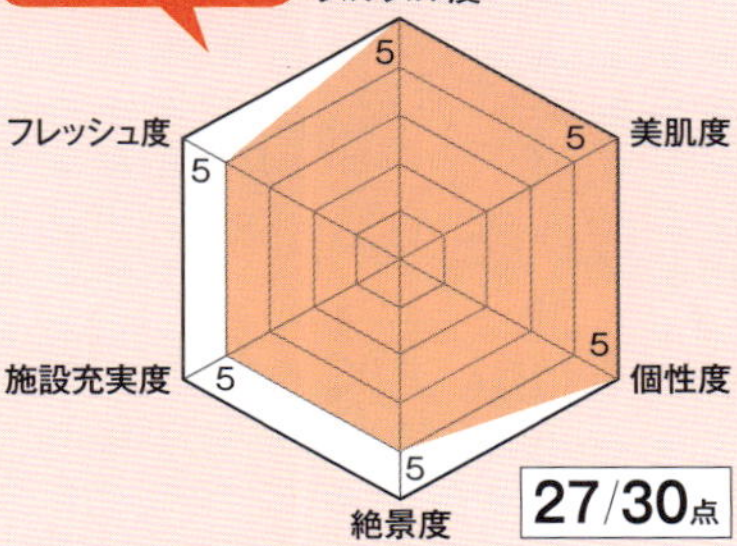

27/30点

泉質：単純硫黄泉
（低張性-アルカリ性-高温泉）
泉温：95.6℃
湧出量：測定せず
pH：9.1
溶存物質総量：965mg/kg
色・香り・味：無色透明、硫化硫黄臭、甘味・たまご味
湧出形態：掘削自噴（深度170m）

源泉かけ流し100%、自家源泉、アメニティ（シャンプー、リンス、石けん、ボディソープ、ドライヤー〈有料〉）

DATA 宿泊・立ち寄り入浴可

☎0977-21-8080

住　　所：大分県別府市小倉4組
営業時間：立ち寄り入浴12:00～20:00（土・休前日10:00～15:00）
定 休 日：不定休
客 室 数：11室（露天風呂付き客室5室、和室6室）
料　　金：1泊2食付き9150円～、大浴場400円
チェックイン：15:00　チェックアウト：10:00
風　　呂：内湯男女各1、貸切風呂6（家族湯1300円、露天風呂1800円、SGE湯2300円）、貸切岩盤浴（内湯付き、90分2名4000円）
食　　事：地獄蒸し小尤包（しょうろんぽう）600～1000円ほか
駐 車 場：20台

内湯付き貸切岩盤浴も人気です。

地獄蒸しデッキは食材持ち込み可（30分500円）。

貸切露天風呂でゆっくりのんびり。

入っていることから。硫黄成分で血行を促進してデトックス&美白、アルカリ性の湯で皮脂や角質を除去、メタケイ酸で潤い補給と、まさにスキンケアができる美肌力アップの湯。別府に行った時は必ず入り、いつも1週間くらいは肌の調子が良いのです。

日帰り利用できる湯は大浴場以外は全て貸切で、露天風呂、家族湯、SGE湯、内湯付き岩盤浴があり、日帰り昼食プランも2種用意されています。自噴している天然の蒸気を用いた地獄蒸し体験、耐糖能異常（糖尿病）や高コレステロール血症が適応症として認められている飲泉も気になる方はぜひ！

落差3mの瀧湯は圧巻! すご〜く気持ちいいでーす。

絶景
自噴
源泉100%
自家源泉
飲泉
露天風呂
貸切風呂
バリアフリー
日帰り
得 P156

大分県 鉄輪《かんなわ》温泉(別府市)

ひょうたん温泉

至る所から湯煙が立ち上り、湯治場の風情が残る鉄輪温泉。「ひょうたん温泉」は大正期に創業した百年近い歴史を誇る老舗で、"観光ミシュランガイド"では温泉で唯一三つ星評価を受けています。鉄輪温泉に惹かれ、大阪から別府に移住した初代が掘削。大の秀吉好きだったので千成瓢箪《せんなりびょうたん》から命名し、建物もその形に。女湯に残るひょうたん形の岩風呂は創業時に造られたものです。温泉には一滴も水は入れるなという教えから、かつては営業時間外に10時間かけて100℃の湯を少しずつ冷やしてためていましたが、本書にも登場する斉藤雅樹さんらとともに6年以上を費やし、竹製冷却装置「湯雨竹《ゆめたけ》」を開発。流下式塩田の装置をヒントに、湯を竹枝に伝わせて気化熱により一気に温度を下げます。約3mの落差で数秒で100℃から47℃に下げることが出来、おかげで100%かけ流しを楽しめるのです。この湯雨竹は当湯のシンボルとなっています。

湯は地下300mから自噴しており、二つの源泉を合わせて毎分約700ℓ。創業当初からある男湯19本・女湯8本の落差3mの豪快な瀧湯は、強さが絶妙で気持ちよく、温熱や水圧効果により、肩こりや腰痛に効果的です。温泉の蒸気を利用した古来の入浴法、鉄輪温泉の名物・蒸し湯や温泉吸入、蒸気で温めた砂の中

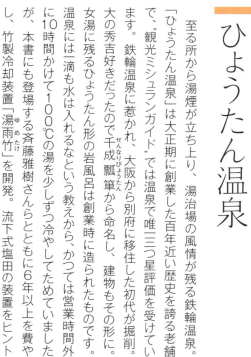

Kyoko's eye

- ★100℃の湯を湯雨竹を利用し源泉かけ流し100%に
- ★弱酸性でメタケイ酸たっぷりの美肌の湯
- ★お食事処「湯らり」で鉄輪名物を食べる
- ★瀧湯、砂湯、蒸し湯など様々な入浴法を一挙に体験!

温泉の感覚データ

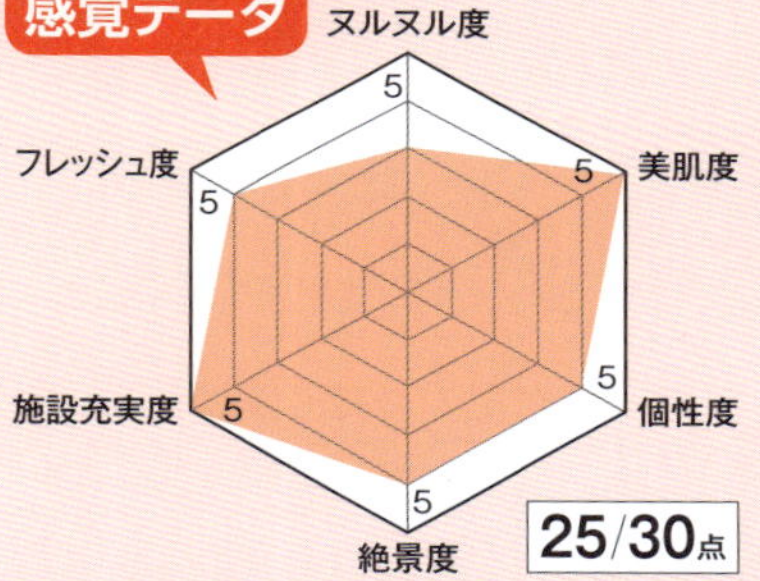

25/30点

泉質:ナトリウム-塩化物泉(低張性-弱酸性-高温泉)
泉温:100℃　**湧出量**:700ℓ/分
pH:3.1　**溶存物質総量**:3778mg/kg
色・香り・味:無色透明、噴気臭、甘味・塩味・酸味
湧出形態:掘削自噴(深度300m)

源泉かけ流し100%、自家源泉、サウナ(温泉の蒸気を利用した蒸し湯)、足湯、飲泉、温泉吸入、アメニティ(シャンプー、リンス、ボディソープ、ドライヤー)

DATA　日帰り入浴のみ

☎0977-66-0527
住　所:大分県別府市鉄輪159-2
営業時間:9:00〜25:00
定 休 日:無休(ただし4・7・12月に施設整備のため臨時休業3〜5日間あり)
料　金:9:00〜18:00/大人750円・小学生320円・幼児210円・3歳以下無料、18:00〜/大人560円・小学生160円・幼児110円
風　呂:内湯男5女6、露天風呂男女各1、貸切風呂(家族風呂)14(内湯タイプ8・露天タイプ6、1時間2150円)、砂湯のみ混浴(貸し浴衣と使い捨て紙パンツで利用、330円)
食　事:お食事処「湯らり」はとり天定食、だんご汁定食、地獄づくし定食、かぼすうどん、温泉蒸しプリン、温泉入りソフトクリームなど、温泉や温泉の蒸気を利用したメニューが豊富
駐 車 場:80台

「砂湯」で湯上がりしっとり肌に。

100℃の温泉を数秒で冷却する「湯雨竹」はシンプルなれど優れもの。

バリアフリー完備の家族風呂もありがたい。

に入浴し発汗を促す砂湯や飲泉場もあります。鉄輪温泉の泉質はナトリウム-塩化物泉で、塩味と甘味でダシのような味が。肌と同じ弱酸性で美肌効果抜群です。天然の保湿成分といわれるメタケイ酸も多く、浴感は肌を包むように滑らかで、湯上がりはしっとりとします。お食事処「湯らり」では鉄輪温泉名物・地獄蒸しや温泉蒸しプリン、大分名物・とり天やかぼすうどんを。一押しの飲泉で作った湯楽《ゆら》ソフトは、天然温泉の塩味が効いた塩ソフトのような濃厚ながらさっぱりとした味。家族風呂も14あり、全室蒸し湯付きのコイン式入れ替え湯。露天風呂タイプやバリアフリータイプもあります。

豊かな自然に抱かれた
アットホームな桃源郷

露天の女性用大浴場「夢幻の湯」は、日によって青磁色や乳白色に。

- 絶景
- 自噴
- 源泉100%
- 自家源泉
- 濁り湯
- 露天風呂
- 貸切風呂
- 日帰り
- 得 P156

大分県 堀《ほり》田《た》温泉（別府市）

夢幻の里 春夏秋冬

別府八湯・堀田温泉は大分自動車道別府ICの近くながら、山間の素朴で静かな温泉場。湯量豊富で別府市街にも給湯しています。そんな堀田温泉の中でも山深い地にあるのが日帰り温泉の「夢幻の里 春夏秋冬」。いつも元気で明るい笑顔の藤田母娘《おやこ》が温かく迎えてくれます。四季折々の自然を感じられ、夏には湯船から蛍が見られることも。この蛍など自然保護のために、シャンプーや石けんなどは持ち込み禁止。備え付けの無添加シャンプーとボディソープのみ使用できます。

敷地内の小川の吊り橋を渡り、奥へ進むと男女別の湯小屋。女性露天風呂・夢幻の湯は日によって青磁色や乳白色に変化する濁り湯で、石の湯船を囲う木々や岩には苔が覆い、その間をまるでオブジェのようにキラキラとした清水が山から流れ落ちてきます。緑と白のコントラストが眩《まばゆ》い幻想的な雰囲気が漂い、夢見心地に。泉質はpH6.28の中性の単純硫黄泉。表面に浮かぶ微粒子が光を散乱し、硫黄成分の分子の大きさによって青や白濁色に変化します。地中から噴出する138℃の蒸気と山からの沢水を混合し造成温泉にしています。そのため強い硫化水素臭があり、ゴボゴボという蒸気の噴出音や沢水の音、鳥や虫の声、そして緑いっぱいの手つかずの自然、まるで別

Kyoko's eye

★大分自動車道別府ICから5分！ 自然豊かな秘湯にほっこり
★マイナスイオンたっぷり！ 迫力の滝見風呂
★いつも明るく温かく迎えてくれる温泉ソムリエ分析マスターの藤田容子さん
★湯上がりは自然に囲まれたデッキでのんびり休憩

温泉の感覚データ

〔単純硫黄泉〕

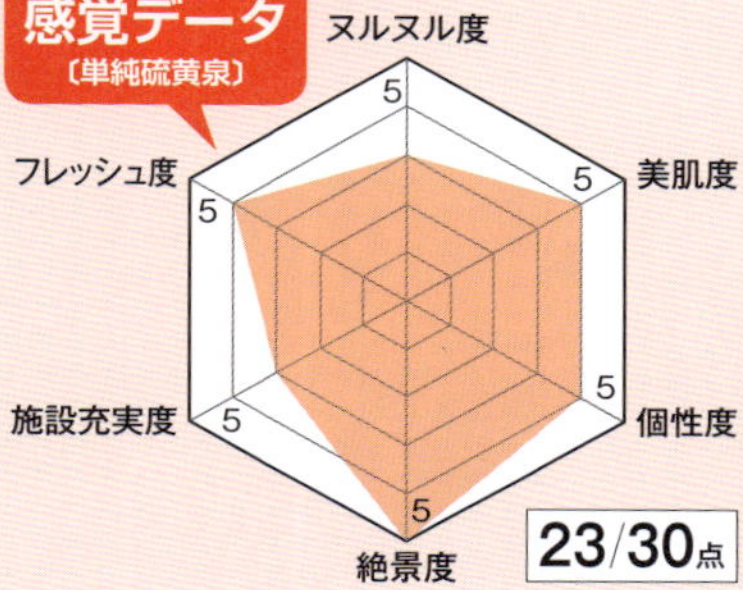

泉質：①単純硫黄泉（低張性-中性-高温泉）
②ナトリウム・マグネシウム・カルシウム-炭酸水素塩・塩化物泉（低張性-中性-高温泉）
泉温：①64.8℃、②42.1℃
湧出量：測定せず　**pH**：①6.28、②6.89
溶存物質総量：①276mg/kg、②1184mg/kg
色・香り・味：①白濁、強硫化水素臭、渋味・鉄味・酸味
②しじみ汁色、金気臭《かなけしゅう》、少鉄味・微渋味
湧出形態：①掘削自噴（深度350m）、②自然湧出

源泉かけ流し100%、自家源泉、アメニティ（シャンプー、ボディソープ、ドライヤー）

DATA　日帰り入浴のみ

☎0977-25-1126
住　　所：大分県別府市堀田6組
営業時間：4月～11月10:00～20:00（18:00以降の入浴希望者は要予約。予約がない場合は18:00閉館）、12月～3月10:00～18:00
定 休 日：不定休
料　　金：大人700円・小人300円・未就学児無料
風　　呂：大浴場男女各1、貸切風呂3（2500円～/4名）※大浴場・貸切風呂とも全て露天風呂で、シャワー・水道はなし
食　　事：併設の飲食施設はありませんが、24時間以上温泉の噴気で蒸した硫黄の香り漂う濃厚でふわっとした温泉卵（60円）がおすすめ
駐 車 場：15台

「夢幻の里 春夏秋冬」はほっこりする温かみも魅力。

自然も存分に満喫できる憩いくつろぎスペース。

貸切の「滝の湯」で滝とともに記念撮影。

世界にいるようです。
計３本の源泉はそれぞれ個性が違い、他に三つの貸切風呂があります。一番人気の滝の湯は、迫力満点の滝を眼前に滝見風呂を味わえます。豪快な滝の音と水しぶきがふわーっと顔にかかり、マイナスイオンを間近に感じられます。ふんわりとした柔らかい雪のように真っ白な湯の華が舞い、なんと湯の華パックも。浴感はサラッとしています。硫黄泉は古い角質や皮脂を取り除き、メラニンの分解・抑制効果、美白効果も。また、蛍の湯は単純硫黄泉だけでなく、夏はしじみ汁色、冬は青色になるクレンジング効果の高い炭酸水素塩泉も堪能出来る穴場。湯上がりには緑風と小川のせせらぎが心地よいウッドデッキがお気に入りです。

地球の恵みに感謝!
地獄地帯でつくられた
自然湧出泉

大人3人ほどの小さな檜の湯船ですが、ファンの多い絶品の湯。

自然湧出
自噴
源泉100%
自家源泉
濁り湯
日帰り
宿泊

大分県 明礬《みょうばん》温泉（別府市）

豊前屋《ぶぜんや》旅館

明礬温泉は別府市街から少し離れた地熱地帯にあり、江戸時代から明礬（湯の花）が採取されてきた山のいで湯。シンボルの藁《わら》ぶきの湯の花小屋が建ち並び、湯煙と硫化水素臭が立ち込めています。白濁した湯は硫黄泉と酸性泉が主。別府でも特に温泉らしさを感じられるエリアで、眺めも抜群です。

「豊前屋旅館」は明礬温泉の中でもさらに山際にある家族経営のアットホームな宿。こぢんまりとした檜の内湯のみで、源泉かけ流し100%の青みがかった高温の濁り湯が、竹の湯口からチョロチョロと注がれています。源泉へは山道を歩いて5分ほど。そこは硫化水素臭の漂う草木が生えていない真っ白な地獄地帯。天水（雨）が地盤の温かい地獄を通り、自然に熱せられて温泉に。硫黄泉となった湯が白い川となって斜面を流れています。そんな自然がつくり上げた極上のありがたい自然湧出泉に入ることができるのは、毎日欠かさず地獄へ行き、その日の環境に合わせて温度を調整しているご主人のおかげ。

総硫黄61・1mgの硫化水素ガスたっぷりの単純硫黄泉で常にガスが充満しているため、中毒にならないよう換気が必須。タイルやセメントはすぐに剝がれてボロボロに。硫化水素ガスは血行を良くし、痰《たん》を取り除く作用もあるので呼気からも吸

Kyoko's eye

- ★自然がつくり出した本物の天然温泉
- ★鉱泥パウダーが舞うマイルドな濁り湯
- ★家電が壊れる!? 強烈な硫化水素ガスのパワー
- ★リーズナブルな料金設定

温泉の感覚データ

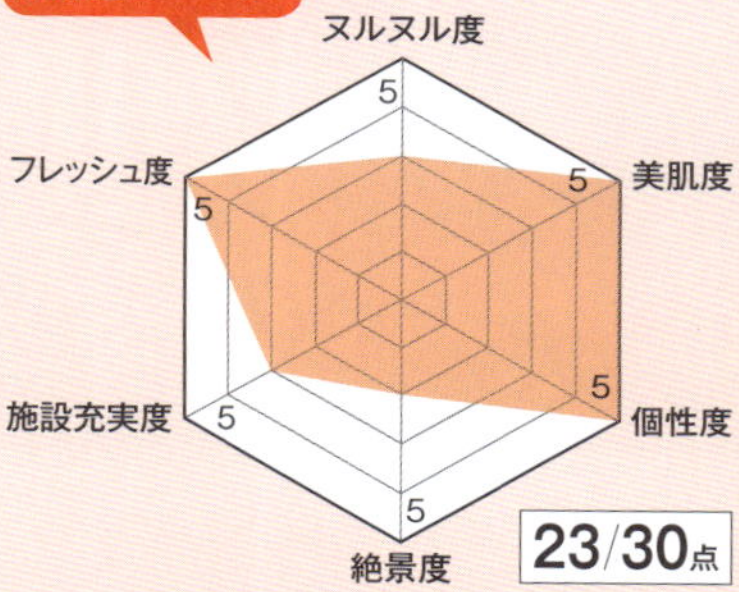

泉質：単純硫黄泉
（低張性-弱酸性-高温泉）
泉温：66.0℃
湧出量：不明
pH：5.1
溶存物質総量：152mg/kg
色・香り・味：弱白濁色、硫化水素臭、強渋味・苦味・弱酸味
湧出形態：自然湧出

源泉かけ流し100%、自家源泉、アメニティ（シャンプー、リンス、石けん、ボディソープ）

DATA　宿泊・立ち寄り入浴可

☎0977-66-0537

住　　所：大分県別府市明礬2組
営業時間：立ち寄り入浴10:00～19:00（宿泊の混雑状況により利用できない場合あり）
定 休 日：不定休
客 室 数：和室4室
料　　金：1泊2食付き9006円、立ち寄り入浴大人350円（部屋での休憩は有料）
チェックイン：15:00　チェックアウト：10:00
風　　呂：内湯男女各1
駐 車 場：5台

高台にある静かな宿で実家に帰ったような気分に。

湯は地獄地帯から300mほど引いて湯船へ。

浴槽の底にたまった、これが鉱泥。

収を。また、殺菌作用も強く皮膚病にも効果的。メラニンを分解するので美白や肌の弾力アップも期待できます。明礬温泉には酸性の硫黄泉が多いのですが、ここはpH5・1で人間の肌と同じ弱酸性。湯力に反して浴感はマイルドで、肌をやんわりと包み込みます。細かい粉雪のような鉱泥《こうでい》の湯の華がたくさん舞っていて、湯上がりはパウダーでコーティングされたようにサラサラに。ただし濃厚な湯のため、長湯には注意を。一回入るとファンになり、とにかくリピーターが多いのです。温泉好きなら必ず唸《うな》る湯ですが、入浴料金は350円とリーズナブル。

火口から湧き出す日本トップクラスの強酸性泉

開放的ですがすがしい露天風呂。山桜や紅葉、雪景色も楽しめます。

絶景
自然湧出
自噴
源泉100%
自家源泉
濃厚
飲泉
露天風呂
貸切風呂
日帰り

大分県 由布市

塚原温泉 火《か》口《こう》乃《の》泉《いずみ》

標高約800m、噴気が立ち上る伽藍岳《がらんだけ》中腹にひっそりと建つ温泉で、四季折々の自然が楽しめます。歴史は古く、12世紀に豪傑・源為朝《みなもとのためとも》が発見したという故事も。

火口付近から自噴する湯をそのまま源泉かけ流し100%で味わえ、酸性度の高さ（pH1・9）、アルミニウムイオン（173㎎）と鉄イオン（109・8㎎）の含有量は日本トップクラス。pH1〜2程度の強い酸性の湯は、秋田の玉川、山形の蔵王などとともに皮膚病の湯治にも利用されてきました。pHは1違うと水素イオン濃度は10倍違い、レモンやカボスよりも十数倍強い酸性のお湯といえます。とても刺激が強いため、乾燥肌や敏感肌の方は要注意、湯あたりしやすい温泉なのです。泉質は酸性・含鉄（Ⅱ・Ⅲ）・アルミニウム・硫酸塩泉。鉄分といえば赤茶色の湯をイメージしますが、ここは新鮮なので緑色透明です。シルバー製品は酸化して真っ黒になり、十円玉はピカピカに。飲用もでき、特に耐糖能異常（糖尿病）や高コレステロール血症、鉄欠乏性貧血に効果が期待できます。味は歯が溶けそうなくらいの強い酸味と口の中が引っ張られるような強い渋みなど複雑な味。浴感はさらっとしていてキュキュっとした感じです。硫酸イオン1000㎎以上、メタケイ酸も406㎎含まれ

Kyoko's eye

★アルミニウムと鉄分を多く含む日本トップクラスの強酸性泉
★この世のものとは思えない個性的な味がする飲泉にチャレンジ!
★火口見学をして地球の息吹を感じよう
★温泉の蒸気で20時間ゆっくりと蒸し上げた蒸し卵は絶品

温泉の感覚データ

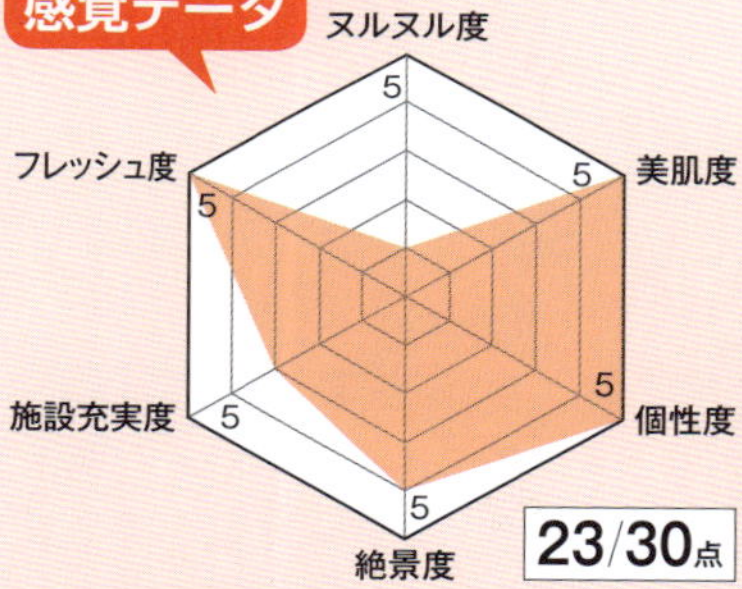

泉質：酸性・含鉄（Ⅱ・Ⅲ）-アルミニウム-硫酸塩泉（酸性-低張性-高温泉）
泉温：56.0℃
湧出量：測定せず
pH：1.9
溶存物質総量：3668mg/kg
色・香り・味：薄緑色透明、弱硫化水素臭、強酸味・強渋味・甘味・弱鉄味
湧出形態：自然湧出

源泉かけ流し100%、自家源泉、アメニティ（ドライヤー）

DATA 立ち寄り入浴のみ

☎0977-85-4101

住　　所：大分県由布市湯布院町塚原1235
営業時間：6月～8月9:00～19:00（18:00受付終了）、9月～5月9:00～18:00（17:00受付終了）
定 休 日：年末年始（積雪のため臨時休業あり）
料　　金：内湯（大浴場）大人500円、露天風呂大人600円（個室休憩室は1時間1000円）
風　　呂：内湯（大浴場）男女各1、露天風呂男女各1、貸切風呂5（料金2000円～、大人・小人各2人まで、1時間）
食　　事：火口蒸し卵（6個500円）
駐 車 場：50台

木のぬくもりを感じさせる貸切家族風呂。

火口蒸し卵は天然の味付けが魅力。

モクモクと蒸気が湧き上がる火口。

ているので、強酸性の割にまろやかな肌触りですが、目に入るとかなり痛い！ 湯上がりは毛穴が引き締まった感じで、ピンっと張りが出てつるんとした肌になります。

名物の蒸し卵は噴気孔で20時間蒸し、温泉の成分を充分にしみ込ませた極上の卵。煮卵のような色、燻製《くんせい》卵のような香ばしい風味で濃厚な味。塩をつけずそのまま食べても美味しく、これだけ買いに来る人も。緑に囲まれた岩の露天風呂や家族風呂もあり、徒歩5分ほどで火口見学（大人200円）も出来ます。モクモクと噴気が上がる迫力ある地獄を間近に見ることができ、地球の息吹を感じられます。

つるつる! 紅茶色の オーシャンビュー温泉を堪能

別府湾に面した高台にある「天海の湯」の絶景露天風呂。

絶景
自家源泉
濁り湯
露天風呂
貸切風呂
日帰り

大分市

神崎温泉 天海の湯

大分市街の西、小高い丘の上にある日帰り入浴施設「天海の湯」は朝から深夜まで営業し、大浴場と七つの家族風呂、エステも併設。全て国東《くにさき》半島や別府湾、晴れた日は四国まで望めるオーシャンビューで、夜景もきれいです。

特徴はなんといっても濃い紅茶色のモール泉といわれる天然温泉。モールとはドイツ語で湿原を意味し、太古の植物由来の有機物（腐植質）が溶け込んでいる温泉です。この有機物（フミン酸）によって独特な芳香や色に。九州ではこの別府から大分市の海岸線、大分県玖珠町《くすまち》、熊本県人吉市、宮崎県えびの市、鹿児島県湧水町《ゆうすいちょう》などにみられます。当湯は自家源泉を2本所有。敷地内から浴槽へと惜しみなくかけ流されています。浴感はつるつるしていて滑らかで、肌触りが心地よく、湯上がりはすべすべ肌に。このモール泉のちょっと石油っぽい独特な香りがたまりません。露天風呂から別府湾を見下ろしながらゆっくり移り変わる海の景色を見ていると、時間が経つのを忘れてしまいます。露天風呂のモール泉の隣にある地下水を汲み上げた16℃ほどの水風呂は、酸化した鉄の味と少し重曹味と苦味があり個性的。この二つの浴槽を交互に入る「温冷交互浴」が私は好き

JR西大分駅近くの「かんたん交差点」から車で3分。

家族湯はバリエーション豊富。こちらは釜風呂・火鳥（かちょう）。

系列の「天の川」の大浴場・男湯。

で、血行を促進するため湯上がりはさらにポカポカに。隣接する食事処・「天晴家《あっぱれや》」のおすすめは、昼の数量限定でボリューム満点のそば懐石。毎朝挽く信州そばの打ちたてをいただけます。

また、系列の「天然温泉 天の川」は大分市街の南に位置する大型施設で、大浴場、露天風呂、家族湯、ジェットバス、バブルバス、エステ、整体など施設が充実。自家源泉、泉温52℃、pH6・9（中性）、源泉かけ流し。モール臭・金気臭《かなけしゅう》、強塩味・甘味・鉄味、黄色濁色の高張性の温泉で、とろみのあるスープのような濃厚湯は、かなりのしっとり感とポカポカ感。全く個性の違う2施設を湯めぐりしてみては？

Kyoko's eye

★全室オーシャンビューの絶景温泉
★紅茶色のモール泉の色と香りを楽しむ
★露天風呂の温度の違う浴槽に交互に入る「温冷交互浴」で血行促進
★系列施設にも足を運び、二つの異なる泉質を味わってみては？

温泉の感覚データ

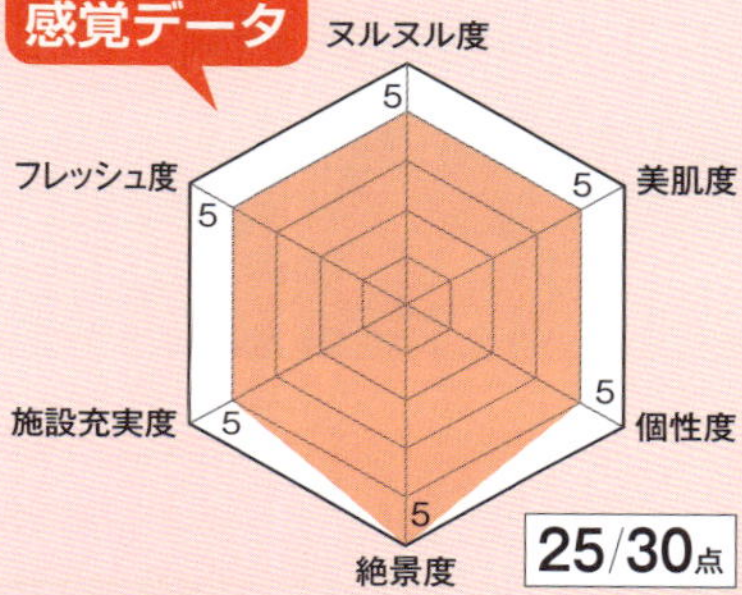

25/30点

泉質：単純温泉
泉温：47℃
湧出量：100ℓ/分
pH：8.3
溶存物質総量：915mg/kg
色・香り・味：茶色透明、モール臭、甘味・モール味
湧出形態：動力揚湯（深度880m）

源泉かけ流し（加水）、自家源泉、サウナ、アメニティ（シャンプー、リンス、ボディソープ、ドライヤー）

DATA 日帰り入浴のみ

☎097-537-7788

住　所：大分県大分市神崎字蟹喰62-8
営業時間：8:00〜25:00、家族風呂は10:00〜25:00（24:00受付終了、木曜日のみ12:00〜）
定休日：無休
料　金：大人500円、子ども（小学生以下）200円、3歳以下無料
風　呂：内湯男女各1、露天風呂男女各1、家族湯7（50分2000円〜）
食　事：隣接する「天晴家」で、そば懐石（1000円）・そば焼き鳥・鴨せいろなど
駐車場：48台

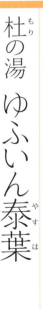

透き通る青湯が美しい…まるで濃厚美容液♡

立ち寄り可能な内湯(小浴場)でヌルトロの青湯に感激。

自噴
源泉100%
自家源泉
露天風呂
貸切風呂
日帰り
宿泊

大分県 由布院温泉(由布市)

杜《もり》の湯 ゆふいん泰葉《やすは》

噴気とともに湯布院の街並みや山々が見渡せる「ゆふいん泰葉」の玄関前の足湯。無料で誰でも利用でき、トロトロでツルツルになる感覚を味わってしまうと、もう入浴せずにはいられなくなります。浴場へ向かう階段を下りていくと、析出物で白く厚く覆われた源泉が見え、あちこちから白い噴気が吹き出ています。顔に細かい水蒸気が付着し、その威力の凄《すさ》まじさ、エネルギーを感じます。

由布院は洗練されていながらも素朴な田舎風情の残る大人気の温泉地。泉質は無色透明なアルカリ性単純温泉が主ですが、当館の周辺では美しいブルーのお湯を堪能できます。全国的にも希少で数えるほど。高圧・高温で要因となるメタケイ酸を含み、弱アルカリ性のナトリウム-塩化物泉等の条件がそろわないと、この青湯は存在しません。また、なんといってもこの湯の特徴は、濃厚な美容液を思わせる肌にまとわりつくとろみで、九州でもトップクラスです。まず、かけ湯の時から感動するトロトロ感。このヌルトロ湯の理由はpH9.0のアルカリ性、さらにツルツル感を与えてくれる炭酸イオンが99.6㎎も含まれている上に、天然保湿成分といわれるメタケイ酸がなんと基準値の約11倍の567㎎も。高温の源泉に加水せずに温度調整を行っているので、かけ流し100%のお湯を満喫できます。まさに女性に嬉しい美肌の湯。湯上がりはサラサラ感がありながらしっとりと潤い、塩化

Kyoko's eye

★全国的にも珍しい透明感のある青湯
★メタケイ酸たっぷり! 美容液のようなトロヌル湯
★青さ際立つ宿泊者限定の露天風呂
★しっとりとする「源泉濃縮青湯」はお土産に最適!

温泉の感覚データ

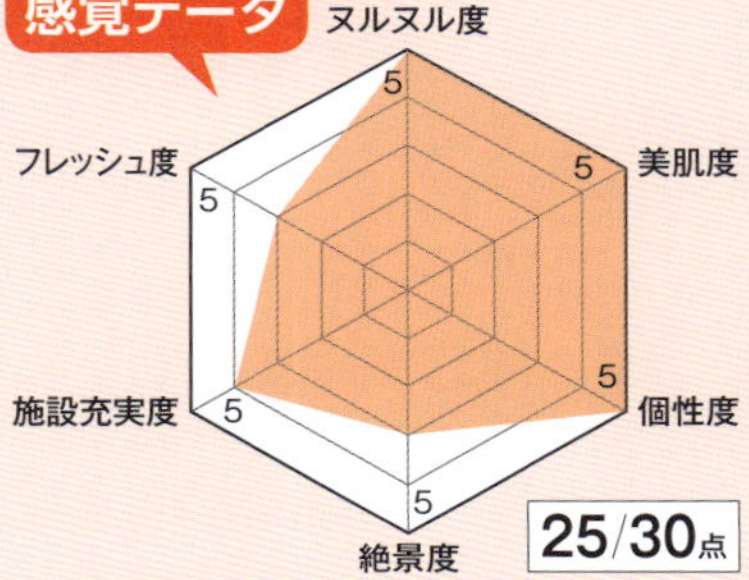

泉質：ナトリウム-塩化物泉
（低張性-アルカリ性-高温泉）
泉温：98.4℃
湧出量：測定せず
pH：9.0
溶存物質総量：2007mg/kg
色・香り・味：青色透明、微噴気臭、甘味・塩味
湧出形態：掘削自噴（深度530m）

源泉かけ流し100%、自家源泉、アメニティ（シャンプー、リンス、石けん、ボディソープ、ドライヤー）

DATA 宿泊・立ち寄り入浴可

☎0977-85-2226

住　所：大分県由布市湯布院町川上1270-48
営業時間：20時最終受付（予約不可。混雑状況で利用できない場合あり）
定休日：6/30～7/4、11/30～12/4（年度により変更あり）
客室数：19室（離れ・風呂付き和室8室、本館・和室10室〈うち風呂付き3室〉・洋室1室）
料　金：1泊2食付き1万6350円～、立ち寄り入浴（小浴場）700円
チェックイン：15:00　チェックアウト：11:00
風　呂：内湯男女各1、貸切露天風呂2タイプ（一部屋料金50分・2000円または2500円）
食　事：お食事処・けやき庵にランチメニューあり
駐車場：7台（日帰り利用者専用）

広さの違う七つの貸切露天風呂のうちの一つ。

宿泊者専用の露天風呂は青さ◎!

源泉青湯蒸し御膳（写真）、泰葉御膳など食も堪能。

物泉なのでポカポカ感も持続。立ち寄りの場合は内湯（小浴場）か広さの違う七つの貸切湯になりますが、青さの際立つ宿泊者限定の露天風呂にもぜひ入ってほしい。

「源泉濃縮青湯」はここの源泉を濃縮しただけのシンプルな液体で、べたつき感ゼロで香りもなく、乾燥しているところに塗るとしっとり。200㎖300円、600㎖500円と手頃なので、お土産やプレゼントに最適です。食事処「けやき庵」では温泉の蒸気で由布院の野菜などを蒸す「青湯蒸し」やミニ懐石の「泰葉御膳」が食べられ、1600円以上で内湯入浴無料や家族湯500円引きに。

3本の自家源泉所有!

「機能温泉浴」で美肌力アップ

岩風呂大浴場には時間設定の露天混浴ゾーンがあり、洞窟風呂や打たせ湯も。

絶景
源泉100%
自家源泉
濁り湯
飲泉
露天風呂
貸切風呂
日帰り
宿泊
得 P156

大分県 日田市

天ヶ瀬《あまがせ》温泉 みるき~すぱサンビレッヂ

別府や由布院と並ぶ豊後《ぶんご》三大温泉の一つ、天ヶ瀬温泉の中心部から2㎞ほど離れた小高い丘の上にあるピンク色の洋風のお城のような「みるき~すぱサンビレッヂ」。このかわいらしい名と建物からは想像できないお湯がここにあります。湯に自信のある証しか、フロントに全ての温泉分析表を掲示。社長やスタッフも温泉マイスターの資格を取得しており、その熱意がうかがえます。

3本の自家源泉を所有。1号泉は日帰り入浴できませんが、玄関前にある源泉の滝で手湯や飲泉が可能。2号泉は男女別の岩風呂露天風呂(混浴ゾーンも)、蒸し湯など、3号泉は男女別の大浴場・露天風呂、2カ所の貸切露天風呂となっています。2号泉は含硫黄-ナトリウム-塩化物泉、総硫黄7.7㎎、pH9.0のアルカリ性で、源泉かけ流し100%。炭酸イオン61.9㎎、メタケイ酸226㎎を含んでいることも相まって、リンスが体についているような強いヌルヌルとした浴感です。とろみのある湯にはシャボン玉状になった大きな気泡が消えずに浮遊しているほど。ヌルヌル度でいうなら間違いなく上位ランクです。しっかりとした硫化水素臭が感じられる3号泉はpH7.1の中性単純硫黄泉で、天ヶ瀬温泉の主流の泉質。総硫黄15.8㎎で細かい湯の華が舞う濁り湯です。この2号泉と3号泉を利用し、さらに美肌に。温泉博士の斉藤雅樹さん

Kyoko's eye

★九州トップクラスのヌルヌル湯に出会える
★二つの異なる泉質を利用した「機能温泉浴」で、さらに美肌に!
★「天瀬ヶ温泉なんでもパスポート」を使ってお得に湯めぐりを
★売り切れ必至の「つたや 黒蜜饅頭」をゲットするべし!

温泉の感覚データ
〔②2号泉〕

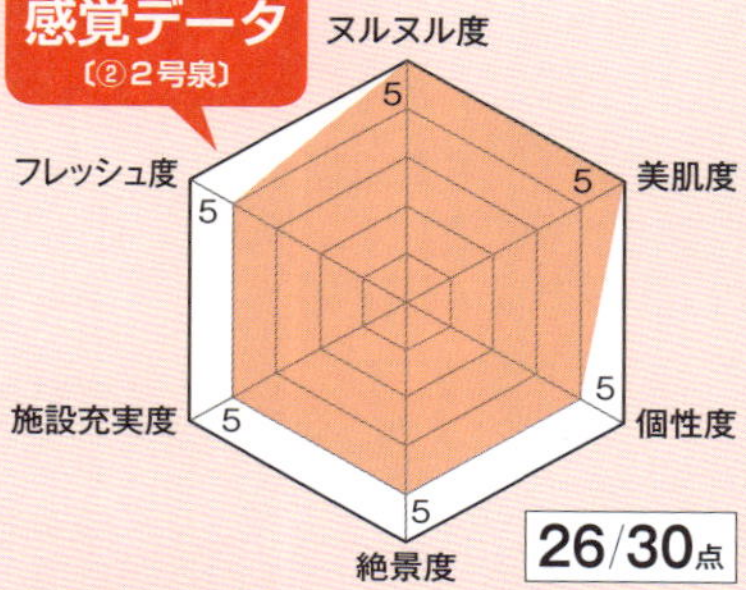

26/30点

泉質：①含硫黄-ナトリウム-塩化物泉
　　　（低張性-アルカリ性-高温泉）
　　　②含硫黄-ナトリウム-塩化物泉
　　　（低張性-アルカリ性-高温泉）
　　　③単純硫黄泉（低張性-中性-高温泉）
泉温：①97.5℃、②94.9℃、③65.1℃
湧出量：測定せず　pH：①9.1、②9.0、③7.1
溶存物質総量：①1299mg/kg、②1265mg/kg
　　　③871mg/kg
色・香り・味：①②無色透明、噴気臭、甘味・塩味・少苦味
　　　③少白濁、硫化水素臭・噴気臭、たまご味・微苦味
湧出形態：動力揚湯（深度①300m・②150m・③120m）

源泉かけ流し100%（③のみ加水）、自家源泉、サウナ、打たせ湯、蒸し湯、洞窟風呂、アメニティ（シャンプー、リンス、石けん、ボディソープ、ドライヤー、ヒゲ剃り、ヘアブラシ）

DATA　宿泊、立ち寄り・日帰り入浴可

☎0973-57-3461

住所：大分県日田市天瀬町赤岩108-1
営業時間：平日14：00～17：00、土日12：00～16：00
定休日：不定休（原則無休）
客室数：70室（和洋室1室、洋室6室、和室63室）
料金：1泊2食付き平日1万950円～・休前日1万3110円～、日帰り入浴大人800円
チェックイン：15:00　チェックアウト：10:00
風呂：内湯男女各1、露天風呂男女各1（時間設定の混浴ゾーンあり）、貸切風呂2（1時間2160円）
駐車場：100台

貸切露天風呂「木もれびの湯」は白い湯の華が舞う単純硫黄泉。

日帰り入浴できない1号泉は手湯と飲泉で味わう。

女性専用の展望大浴場「星の雫（しずく）」

が提唱している機能温泉浴を実践。機能温泉浴は二つの湯を組み合わせることで相乗効果を高める入浴法。まず、中性の硫黄泉の3号泉で皮脂のバランスを整え、理想的な肌の状態に近づけ、その後2号泉のアルカリ性の硫黄泉に入ることでヌルヌル感が増し角質や皮脂を洗い流し、より美肌効果アップ!

天ヶ瀬温泉の湯めぐりでは「天ヶ瀬温泉なんでもパスポート」を使えば、16施設のうち三つの温泉に入れ1000円。天ヶ瀬温泉水入り完全無添加の「つたや 黒蜜饅頭《まんじゅう》」もおすすめ。黒蜜生地に柚子《ゆず》白あんのしっとりした饅頭は毎朝作りたてで、午前中で売り切れることも。

奇岩に囲まれた鮮度抜群のパワースポット温泉

絶景
自噴
源泉100%
自家源泉
ぬる湯
露天風呂
バリアフリー
日帰り
宿泊

泡付きのある源泉かけ流し100%の露天風呂。奇岩と木々に囲まれ、身も心もゆったり。

大分県 玖《く》珠《す》町《まち》

七福温泉 宇戸の庄

玖珠ICから国道387号を宇佐方面へ7㎞、山深い渓谷、人家の無い山林を抜けると突然出現。見たこともない不思議な形をした奇岩と山々に360度囲まれ、秘境に迷い込んだ感覚に。奇岩には鬼の磨り臼、拝み岩、七福神など、それぞれ名前が付いていて、人々が岩を神と崇《あが》めていたことがうかがえます。この独特な地形は太古の海底が隆起したもので、おそらく海底に沈んでいた木や海藻などが堆積する地層から植物由来の有機物を含むモール泉が湧き出ていると思われます。

ご主人がこの景色を見て自分の隠れ家を造ろうと思い、原木そのままを使用した温かみのあるログハウス風の建物を手造り。浴場は41℃に加温された内湯と39℃の源泉がそのままかけ流されている露天風呂があります。露天風呂は全身がぴっしりと極小の泡のベールに包まれ、つるつるとした浴感。黄色透明な泡付きのある湯は、シャンパンの中に入っているかのよう。湯上がりはぽかぽかで、つるつるすべすべ肌に。掘削自噴の源泉から20mで湯口まで運ばれる湯は新鮮そのものです。浴槽は浅くぬるめの湯なので、寝湯として入りながら奇岩のある風景を堪能できます。貸切風呂

紅葉の始まった周囲の奇岩の数々。その風景は圧巻!

食欲をそそるボリューム満点の雉会席。

多様な貸切(家族)風呂があります。

も五つあり、車で移動する貸切の展望露天風呂は別の自家源泉。若干ぬるめの38℃で、同じく新鮮で泡付きがあります。

食事処では地産地消の野菜や肉、魚を使った料理が味わえ、特におすすめなのが雉《きじ》会席(3780円)。柔らかく弾力のある旨味がぎっしりと詰まった雉は、山深いここでしか食べられない貴重な味です。母屋入口ではアルカリ性の地下水が飲用でき、これが甘くて本当に美味。無料休憩所や茶室、ヤマメの釣り堀、地下水を利用したプール(7・8月限定)などもあり、宿泊もできます。泉質の素晴らしさはもちろんのこと、全国から温泉ファンが訪れる秘湯の魅力をぜひ体感してください。

Kyoko's eye

★秘境のパワースポットでエネルギー注入
★新鮮な泡付きのある源泉かけ流し100%の湯
★食事処で山峡ならではの恵みを堪能
★アルカリ性の地下水「七福星神の水」を飲むこと

温泉の感覚データ

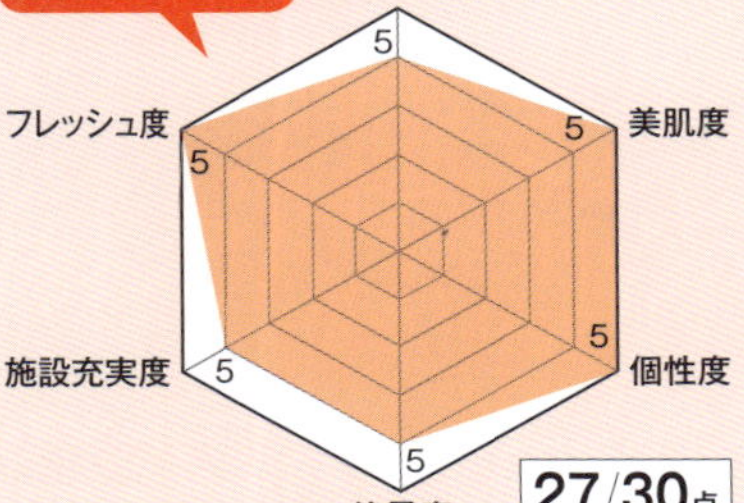

27/30点

泉質:単純温泉(低張性-弱アルカリ性-温泉)
泉温:38.1℃　**湧出量**:不明
pH:7.5
溶存物質総量:644mg/kg
色・香り・味:黄色透明、モール臭・微金気臭《びかなけしゅう》、甘味・鉄味・モール味
湧出形態:掘削自噴(深度750m)

源泉かけ流し100%(内湯は加温)、自家源泉、アメニティ(ボディソープ、リンスインシャンプー)

DATA　宿泊・日帰り入浴

☎0973-72-0429
住　所:大分県玖珠郡玖珠町大字森字谷ノ河内4398-2
営業時間:日帰り入浴10:00〜19:00(18:00受付終了)
定休日:不定休
客室数:7室(母屋5室、離れ1室、内風呂付き貸別荘1棟)
料　金:1泊2食付き9330円〜、日帰り入浴400円
チェックイン:15:00　チェックアウト:10:00
風　呂:内湯男女各1、露天風呂男女各1、貸切風呂4(70分・1600円〜)、その他(高齢者・身障者優先貸切風呂1棟・1600円)
食　事:母屋の食事処で七福定食、やまめ塩焼、きじや和牛地鶏の炭火焼御膳なども
駐車場:50台

四つの違う源泉を一度に味わえる山間の絶景温泉

九重連山を望む広々とした「山恵の湯」には、バラエティー豊かな18の風呂が。

絶景
自然湧出
自噴
源泉100%
自家源泉
ぬる湯
飲泉
露天風呂
貸切風呂
日帰り
宿泊

大分県　星生《ほっしょう》温泉（九重《ここのえ》町）

九重《くじゅう》星生ホテル　山恵《さんけい》の湯

九重連山の麓に位置し、60年ほど前に小さな山小屋からスタート。登山客の宿であり、湯治場としても利用されてきました。江戸時代末期に星生山に猟《りょう》に出かけた人が偶然に見つけ、星生山の中腹1450mにある源泉は、九州一の標高を誇る貴重な自然湧出泉。キュッキュッとした浴感でピリピリするpH2.1の酸性・含鉄-硫酸塩・塩化物泉です。肌や体への刺激が強いので長湯は禁物。飲泉もでき、強い酸味と舌がしびれる収斂味《しゅうれんみ》や鉄味があります。他にも敷地内に単純温泉、泉温の違う二つの単純硫黄冷鉱泉など、合わせて四つの異なる源泉が。単純温泉は噴気のため地下水で造成泉にし、単純硫黄冷鉱泉の一つは単純温泉の噴気との混合泉。もう一つの単純硫黄冷鉱泉は100%源泉かけ流しです。

目の前には山々がどーんと！　360度どこを見渡しても緑に囲まれた雄大な九重連山のパノラマ。さえぎるものは何もありません。遠く野鳥の声、高く飛ぶ鷹《たか》・鷲《わし》の姿、空の移り変わり、雲の流れ、木々のざわめき、葉の揺れるさま、豪快に山から吹き抜ける風。夜は満天の星空に流れ星も見えます。春は可憐な野花が色づき、初夏は透けるような新緑、秋は山が燃えるような紅葉、冬は雪化粧した山々と澄んだ空。四季折々の大自然の中、いつ訪れても開放感たっぷりの湯浴《ゆあ》みができます。

Kyoko's eye

- ★四つの異なる源泉を湯めぐり
- ★歴史あるpH2.1の酸性・含鉄-硫酸塩・塩化物泉の入浴と飲泉は必須!
- ★手作り栽培にとことんこだわった「米なごみ庵」でランチを
- ★九重連山の大自然を散策して五感で感じてほしい

温泉の感覚データ
〔酸性緑礬泉〕

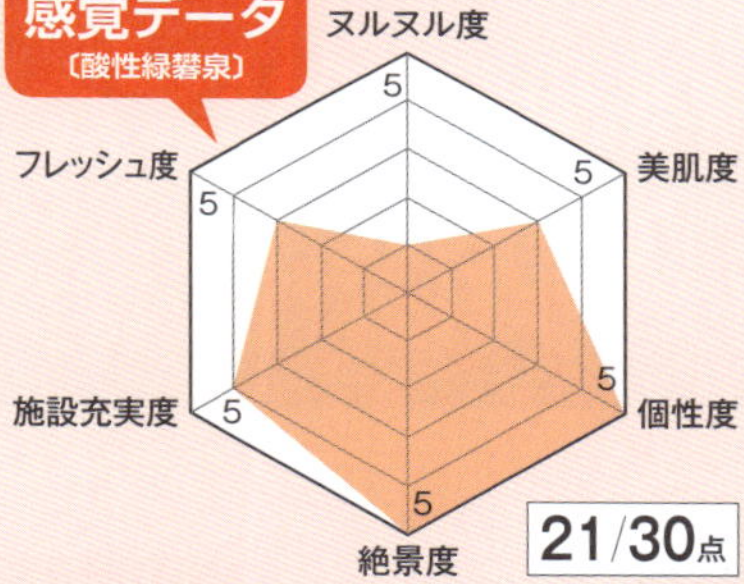

21/30点

泉質：酸性・含鉄-硫酸塩・塩化物泉（低張性-酸性-高温泉）
泉温：47.9℃　湧出量：測定せず
pH：2.1　溶存物質総量：2556mg/kg
色・香り・味：無色、無臭、強酸味・強収斂味・微鉄味
湧出形態：自然湧出

源泉かけ流し100%（加水・加温の浴槽もあり）、自家源泉、引き湯、ジャグジー、打たせ湯、アメニティ（シャンプー、リンス、ボディソープ、ドライヤー）

DATA　宿泊・日帰り入浴可

☎0973-79-3111

住　　所：大分県玖珠郡九重町田野230
営業時間：日帰り入浴10:00～20:00（火金13:30～、休前日等～18:00）
定 休 日：無休
客 室 数：54室（和室50室、洋室2室〈うち1室はバリアフリー対応〉、和洋室2室）
料　　金：1泊2食付き1万1490円～、日帰り入浴大人800円・小人500円
チェックイン：15:00　チェックアウト：10:00
風　　呂：内湯男女各2、露天風呂男女各2、貸切風呂3（料金1000円/人）
食　　事：別棟「米なごみ庵」に甘味・野菜中心の食事メニューあり
駐 車 場：100台

九重連山に抱かれて自然湧出pH2.1の酸性緑礬泉（りょくばんせん）に浸かる。

山恵の湯の内湯大浴場。

米なごみ庵の体に優しいメニュー。

「山恵の湯」に隣接する「米なごみ庵」は、合鴨《あいがも》農法を取り入れた無農薬栽培の掛け干し米や手作りの野菜、甘味を味わうことの出来る古民家レストラン。私が食べた時は9割がオーナー自ら愛情いっぱいに栽培したものでした。心も体も温まる優しい自然そのままのシンプルで贅沢な味。"山羊乳と烏骨鶏《うこっけい》の卵のプリン"もあり、食事すると入浴料が200円割引に。

析出物のオブジェに包まれた心と体にしみ入る濃厚湯

自然がつくり出した析出物の湯船にどっぷり浸かる。

自噴
源泉100%
自家源泉
濁り湯
濃厚
熱(あつ)湯
飲泉
貸切風呂
日帰り
宿泊

大分県 長湯温泉（竹田《たけた》市）

源泉の宿 郷《さと》の湯旅館

JR豊後《ぶんご》竹田駅から車で20分、湯布院ICから50分、長湯温泉最上部の人里離れた一軒宿。湯宿に進んでいくと、まずゴッテリとした巨大な析出物のおばけがお出迎え。この時点ですでに良い温泉に出会えると、期待と興奮は最高潮に。民家風の湯宿のあたりを見渡すと、田んぼや山々、大分川の源流など、のどかな懐かしい風景が広がり、土や木のぬくもりを感じさせる湯治場風情が漂っています。

湯守をしているご主人（強面《こわもて》、頑固おやじ？ 湯にかなりのこだわりを持ち、見た目とは裏腹に心根はとても優しい）が説明をしながら湯処まで案内してくれます。浴室の扉を開けた時の感動と興奮は、今でも鮮明に覚えています。黄土色の波を打つように凸凹した、鍾乳洞やトルコのパムッカレのごとき湯船や床、温泉成分でコーティングされた洗面器。全て温泉成分がつくり出した見事な造形です。川石で造った湯船は析出物で覆われ、全く姿が見えず。触ってみるとザラザラしていたり柔らかかったり、土のような感触がとても気持ちいい。

湯船の中には黄金色に輝く美しい湯が満たされています。マグネシウム、ナトリウム、カルシウムなどのミネラルをたっぷり含み、少し熱めですが、肌にすっとなじむ柔らかい湯でキュッキュとした浴感。ぼんやりとした裸電球の下、じ～んと体の奥底から頭の先まで薬効成分がしみ渡っていくような感覚。エネルギーの強い湯で、湯上がりは心地

自然に溶け込む風情と温かみのある湯宿です。

駐車場から宿に向かうと析出物おばけが!

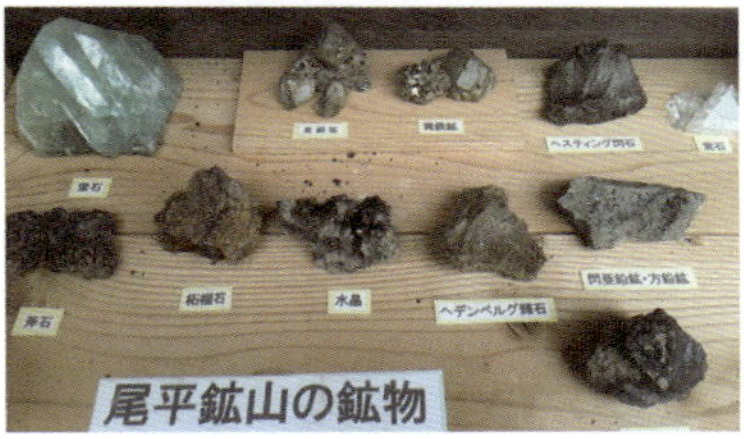

地質博物館の展示品のごく一部。

よい疲労感が残ります。炭酸水素イオン2760㎎、遊離二酸化炭素を792㎎含んでおり、清涼感がありながらポカポカ感は持続。メタケイ酸235㎎、塩化物イオンや硫酸イオンもバランスよく含有しているため、肌も湯船のようにコーティングされ、かなりしっとりします。

併設の地質博物館には阿蘇山噴火の堆積物、地元鉱山の黄鉄鉱や蛍石、サハラ砂漠の砂やカッパドキア凝灰岩、パムッカレ温泉石など、山間の湯宿で太古のロマンを感じられます。本来あるべき温泉の姿を語り継ぎたいと信念を貫いている湯守の思いが心底から感じられ、自然の恵みに素直に感謝の念を抱くそんな不思議な場所。運が良ければ湯面に浮かぶパリパリの湯の華にも出会えます。

Kyoko's eye

- ★析出物のオブジェに感動!
- ★自然の恵みである温泉に敬意を持ち、感謝しお湯を堪能すること
- ★知る人ぞ知る湯宿の奥に隠れた「地質博物館」を見学してみて
- ★源泉+湯の華を練り込んで手作りした石けん(花子ソープ)もおすすめ

温泉の感覚データ

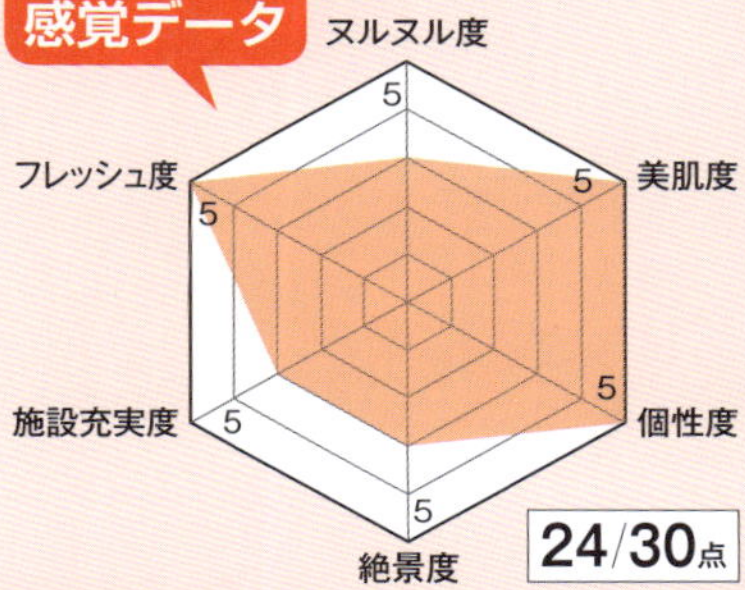

24/30点

泉質:マグネシウム・ナトリウム-炭酸水素塩泉(低張性-アルカリ性-高温泉)
泉温:51.0℃
湧出量:127ℓ/分
pH:8.5
成分総計:4781mg/kg
色・香り・味:黄色透明、微《び》金《かな》気《け》臭《しゅう》、炭酸味・鉄味・苦味
湧出形態:掘削自噴(深度200m)

源泉かけ流し100%、自家源泉、アメニティ(シャンプー、リンス、ボディソープ、ドライヤー)

DATA 宿泊・日帰り入浴可

☎0974-75-2912
住　所:大分県竹田市直入町長湯3538-2
営業時間:日帰り入浴10:00～18:00(17:00最終受付。日帰り入浴はメンテナンス等のため、急きょ休館となる場合がありますので、事前にお問い合わせください)
定休日:不定休
客室数:和室5室
料　金:1泊2食付き1万6200円～、入浴のみ一般・小人500円
チェックイン:15:00　チェックアウト:10:00
風　呂:内湯男女各1、貸切風呂あり(2000円～)
食　事:食事・個室休憩は事前予約要
駐車場:80台

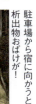

日本を代表する高濃度炭酸泉
泡付きが尋常じゃない！

半地下にある高濃度炭酸泉「ラムネの湯」は入浴客増加のため、休日などはすぐに入れないことも。

自噴
源泉100%
自家源泉
濁り湯
濃厚
ぬる湯
飲泉
露天風呂
日帰り

大分県 七里田《しちりだ》温泉（竹田《たけた》市）

七里田温泉館

日本一の炭酸泉といわれる大分県長湯温泉の西、「七里田温泉館」は泉質・泉温の異なる2本の源泉（木乃葉の湯、ラムネの湯）を所有し、有名なラムネの湯は全国でも稀《まれ》な高濃度の炭酸泉。この珍しい湯を求めて国内、さらには海外から訪れる人も。温泉館受付でカギを借り、坂を下った川沿いに下湯と呼ばれる「ラムネの湯」があります。年季の入ったこぢんまりとした石の浴槽や凸凹の床は赤茶色に変色し、湯口にはサンゴのような析出物の塊が堂々と鎮座。掘削深度100mの自噴泉で泉温36℃。湯口の真裏の源泉から直接100%かけ流されています。ラムネのようにシュワシュワと炭酸泉が湧出し、湯に浸かると一瞬にして銀色の粒が体中にビッシリと付着。湯口近くではジュワジュワパチパチと音をたて、ピリピリと肌を刺激して痺《しび》れるような感覚、顔を浸けると痛みを感じるほど。キュキュとした浴感で油膜に包まれている感覚。体温と同温の不感温浴で心も体もリラックス、何時間でも入っていられます。20分くらいするとカァーと体がジンジン熱くなり、全身の血行が良くなっているのがわかります。湯上がりはサッパリとした清涼感、体が真っ赤になるほどポカポカです。飲泉は胃腸機能低下に良いとされています。

もう一方の「木乃葉の湯」は内湯と露天があり、床や湯口はビッシリと析出物に覆われています。湯は弱アルカリ性で、黄色く少し濁って

Kyoko's eye

★日本でも有数の高濃度炭酸泉「ラムネの湯」は必須!
★「木乃葉の湯」と「ラムネの湯」、泉質も泉温も異なる2本の源泉の違いを体感
★飲泉もお忘れなく!
★リーズナブルでボリューム満点! 地産地消にこだわった食事も魅力

温泉の感覚データ

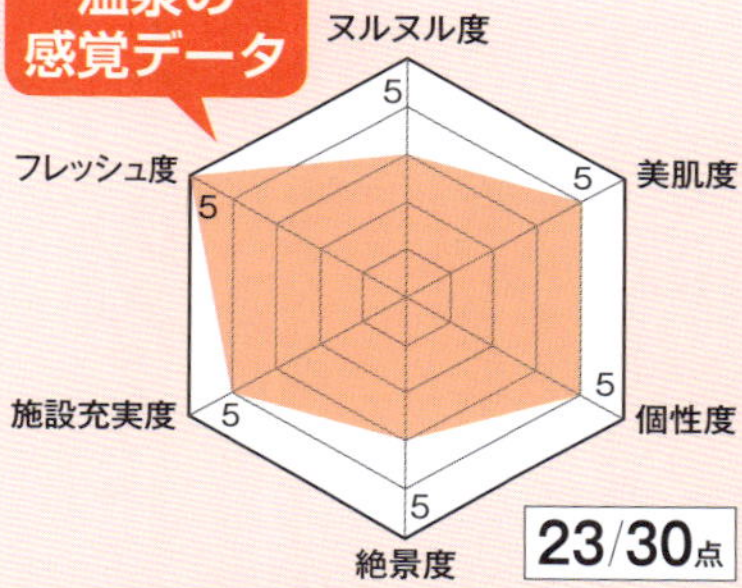

泉質：①〔ラムネの湯〕含二酸化炭素-マグネシウム・ナトリウム・カルシウム-炭酸水素塩・硫酸塩泉（低張性-中性-温泉）
②〔木乃葉の湯〕マグネシウム・ナトリウム-炭酸水素塩・硫酸塩泉（低張性-弱アルカリ性-高温泉）
泉温：①36.3℃、②53.7℃
湧出量：共に測定せず　**pH**：①6.3、②7.6
溶存物質総量：①3330mg/kg、②3609mg/kg
色・香り・味：①無色透明、炭酸臭・金気臭《かなけしゅう》、炭酸味・鉄味・エグ味
②黄色濁色、金気臭、炭酸味・鉄味・ダシ味
湧出形態：①掘削自噴（深度100m）
②動力揚湯（深度450m）

①源泉かけ流し100%、自家源泉、②源泉かけ流し（加水）、自家源泉、打たせ湯、アメニティ（シャンプー、リンス、石けん、ボディソープ、ドライヤー）

DATA　日帰り入浴のみ

☎0974-77-2686

住　所：大分県竹田市久住町大字有氏4050-1
営業時間：9:00～21:00（20:30受付終了）
定休日：第2火曜
料　金：〔木乃葉の湯〕大人300円、小人200円
〔下湯〕大人500円、小人200円。共に3歳以下無料、セットで700円
風　呂：内湯男女各1、露天風呂男女各1
食　事：軽食コーナーで団子汁、うどん、そば、ちゃんぽん、野菜カレー、おにぎりなど
駐車場：40台

析出物たっぷりのワイルドな「木乃葉の湯」の露天風呂。

のどかな田園風景の中にポツンと建つ湯屋造り風の七里田温泉館。

これが「ラムネの湯」の肌へのシュワシュワ泡付き!

いてとろみがあり、かけ湯の時から濃厚なこってり感。泡付きはありませんが炭酸感はあり、湯船には湯膜や白と茶の湯の華が浮いています。湯口はシュワシュワ、飲泉もでき美味です。浴感はオイルの保湿剤でコーティングされている感じ。湯上がりの肌はしっとりスベスベです。露天風呂は九重《くじゅう》連山が目の前で開放的、豪快な風が吹き抜けます。食事はリーズナブルで、野菜もお米も全て手作りの地物を使用。100円のおにぎりは感激の美味しさです。なにはともあれ、ぜひ二つのお湯の違いを感じてほしい!

日々の暮らしのなかに生きる温泉

別府八湯温泉道初代名誉名人　土谷 雄一

日本温泉地域学会認定温泉観光士、大分県知事認定温泉マイスター、九州温泉道選定委員

鹿児島の野湯にて。

まず、日々の暮らしをこの別府という町で営んでいることに喜びを感じ、誇りに思うと同時に、世界中の誰にでも自信をもって自慢できる環境に感謝しています。大地の恵みをふんだんに受け、温泉に密着してぽかぽかのんびり暮らしていけるのですから、それだけでも充分にありがたいこと。おだやかな気候にも恵まれ、四季を通じて美しい海と山を眺めて暮らす。もちろん魚も肉も野菜もうまい。都会ではないが、そう田舎でもなく、生きるためのバランスが総合的に優れている自慢の故郷です。これまでにいろんな土地を旅し、さまざまな暮らしも見てきましたが、やはりその度に我が住む故郷への想いを確かにするばかりです。

別府での初めてのもらい湯

昭和41年（１９６６）3月、大分市街に生まれ、戦後の産業の発展とともに形成された町で、碁盤目状の道路、埋め立てられた海、煙突や灰色の空を眺めながら育ちました。小学高学年の夏休みのある日、野球の朝練が終わってユニホーム姿のまま、自転車をこいで別府目指して一人向かいました。海沿いの一本道（別大国道・国道10号線）を1時間ほどで別府にたどり着くのです。

同じ別府湾に面する大分市と別府市ですが、大分は海が北側、別府は海が東にあります。したがってまったく海の色や明るさが違う。とにかく別府は海が明るく、大分のように工場の煙突もないし、潮風も香りよく爽やか。それぞれの町の個性が両極で面白かった。

別府に入ると、狭い路地に旅館や木造家屋がびっしり立ち並んでいる風景にタイムスリップ。いろんな人が声をかけてくるし退屈しない。公園では初めて会った小学生とキャッチボールをしたり、見知らぬおばちゃんがオロナミンCをくれたり。一人の寂しさや不安はまったく感じない居心地のよさでした。

浜脇の公園の周りに数軒の木造旅館がありました。そのなかのT旅館。おばあちゃんが一人で切り盛りしていたと思うのですが、とても親切にしてくれました。自転車に乗って一人で大分市から来たと言うと、さかんに感心し、お昼ごはんを食べなさいだの、いろいろともてなしていただき、驚いたのは温泉に入っていけと言う。大分市では昼間からお風呂に入るという習慣がないので、「なんで今頃お風呂なの？」と思いながらも、やはりおばあちゃんの一番の自慢の「お湯」を

いただかないで帰るわけにはいかない。いわゆる初のもらい湯を体験しました。

　別府の人は朝昼夜、いつでもお風呂に入って暮らしている！これまでのお風呂は夜入るものという常識が覆され、どんな時間でも入るものと知りました。脱衣所から数段下の地下に降りると、コンクリートの壁は一部が緑色に変色しており、蛍光灯一つで薄暗い。岩でできた小さな湯船には鉄サビ臭のお湯があふれていました。私の温泉のイメージはこの情景が元になっています。温泉という癒しの産物を提供し人をもてなす空間。人情とお湯のあふれる町で暮らす人々は、自らが一日に何度も温泉に入り、そのお湯をたくさんの人に提供し、喜ぶ姿を見て満足するのです。

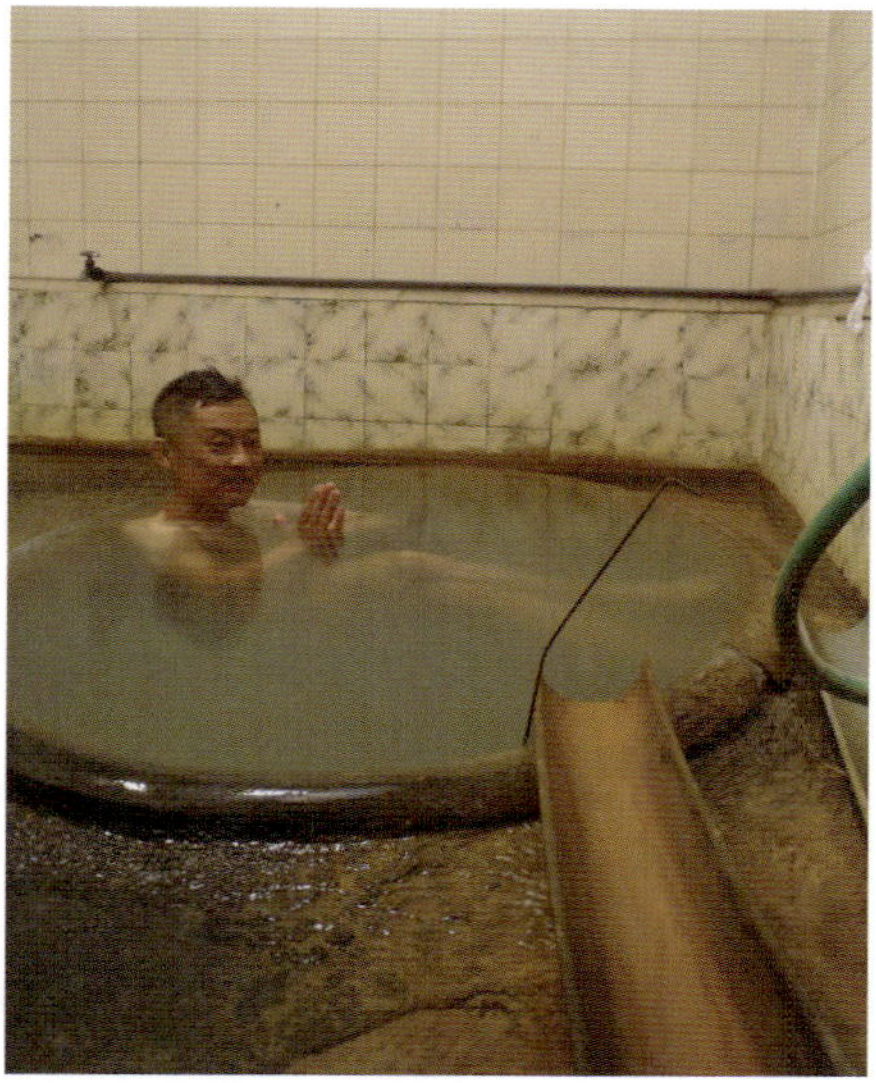

別府には庶民の暮らしに密着した温泉が数多くある。

裸のつきあい・共同湯の楽しみ

日々浴場に集って裸のつきあいをしていくうちに、人間同士の心の距離というか壁みたいなものが取り去られて近づいていくのでしょう。まさに心のバリアフリーが生まれます。

　お風呂はたいていの人にとってプライベートスペース。他人に見られることもないし、もちろん会話などないのが当たり前。でも別府では、死ぬまでずっと誰かと一緒に風呂（共同湯）に入り続けます。このパブリックスペースは豊かな人を育みます。あいさつ、マナー、ゆずりあい、会話、交流。湯に集う人々にあったかい心をもたらし、自己中心では生きていけないので互いを尊重し、思いやりも生まれます。そりゃ毎日朝晩、裸の交流を続けてたらそうなりますよね。仲良くなりたければ別府に来て共同湯に入ればいい。別府の人たちのおもてなし気質は、そんなところから育まれたのでしょう。

　そもそも別府には今流行の足湯や家族湯はなく、共同湯、砂湯、蒸し湯、滝湯といった伝統的な入浴法、老若男女誰もが裸になって楽しむ温泉文化が継承されてきました。めまぐるしく変化する時代のなかで、本当の豊かさとは何だったのか？別府にはまだその答えが残っているからこそ、この地の文化・人・温泉を大切に守りたいと思うのです。「お湯は沸かすもんじゃない、湧くもんだ！」と堂々と言える、この豊かな温泉に恵まれた町で暮らせる幸せを日々かみしめつつ、感謝の心を忘れずに、別府八湯探求の終わりなき旅はまだまだ続く。

九州八十八湯めぐり
～九州温泉道～とは？

九州八十八湯めぐりはJR九州が立ち上げた（現在は九州観光推進機構に事務局を移行）温泉体験イベントで、2010年11月26日(いい風呂の日)の開始以来、多くのファンに支えられている。内容は至ってシンプル。温泉名人たちを中心とする九州八十八湯選定委員会が泉質重視で厳選した、対象施設の温泉に入浴するだけ。参加者は「修行者」となり、温泉大国・九州で数々の名泉に浸かりつつ「温泉道」を究めていく。そして、最終的に88カ所の温泉に入ることで「泉人《せんにん》」の称号を手にすることができる。

これが御湯印帳！

参加方法は、まず御朱印帳ならぬ「御湯印帳」を入手する。御湯印帳は1冊100円でJRの主要な駅で販売しているほか、一部の対象施設や空港、観光案内所でも購入できる。御湯印帳を手に入れたら、対象の施設の中から行ってみたい温泉を選んで、入浴。その施設で御湯印帳にスタンプを押してもらい、このスタンプを最終的に88集めていく。なお、88カ所目だけは別府の「竹瓦温泉」と決まっている。

対象の温泉は141（2016年3月現在）もあり、この中から88カ所を選んで入ることになるので、「修行者」にとっては選択の幅が広い。それらは駅で配布のパンフレットのほか、「九州八十八湯めぐり～九州温泉道～」の公式HP（アドレス下記参照）で確認することができる。HPではエリア別や泉質別はもちろん、景色の良さや歴史のある温泉、温泉名人のおすすめ等、様々なテーマで検索することができる。また、ルート検索機能も備えていて自宅から目的の施設までのルート検索もできる。

いで湯に入り、スタンプを集めることで段位（見習い～泉人まで11段階）を認定（有料）してもらい、認定状とともに賞品を受け取ることができる。最初にもらえる「入門」の賞品はストラップ本体で、それ以上の段位の賞品はストラップに付けるチャームになっているため、段位が上がるほどチャームの数が増え、歴戦の「修行者」ほど賑やかなストラップになっていく。そして、88カ所の温泉を究めた「修行者」は「泉人」に認定され、殿堂である「竹瓦温泉」に名前が飾られるほか、公式HPにも名前や写真が掲載、「泉人優待券」が進呈される。この優待券は対象施設50カ所で使用でき、使用期限内(1年）に20回、入浴料50%オフなどの特典を受けることができる。

賞品のキーチェーン（初級）

「九州八十八湯めぐり～九州温泉道～」には期限がないので、短期間で一気に88カ所を回るのも、自分のペースで気長にのんびり回るのも参加者の自由。それぞれのスタイルで「泉人」への道をめざしてほしい。

詳細は「九州八十八湯めぐり～九州温泉道～」公式HP(http://www.88onsen.com/) をご覧ください。

宮崎県

あきしげゆ（えびの市）

白鳥温泉 上湯・下湯（えびの市）

えびの高原荘（えびの市）

湯之元温泉（高原町）

恵の湯 神の郷温泉（小林市）

人と湯の温かさに触れる 自然豊かな癒しスポット

源泉が空気に触れないよう下から湧き出すように造られた鮮度抜群の内湯。

源泉100%
自家源泉
飲泉
露天風呂
日帰り

宮崎県 えびの市

あきしげゆ

霧島国立公園の北側、九州山地と霧島連山に抱かれた盆地にあり、本当にこんな所に温泉施設があるのかと不安になるほど、山や林に囲まれ、あるのは緑だけ。のどかな田畑の中を進むと、昭和の学校と見間違うような外観の木造の自宅兼温泉がぽつんと。アクセスも悪く、宣伝も一切していない温泉に、各地から〝あししげく〟通うファンも多い。

自然をこよなく愛するご主人が地質調査のために掘削したところ、良質のお湯が湧出。最初は自宅で利用していたが、友人のすすめもあって増築し、温泉施設として営業を始めたといいます。100畳ほどの無料休憩スペースには巨木の柱、12mの長い梁《はり》、6mの壁板、一枚板のテーブルなど、木のぬくもりと素朴な味わいがあります。タイル張りの内湯と珍しい黄色のポリ容器の露天風呂。内湯は通常の深さと寝湯ほどの浅さの浴槽に分かれています。浅めの浴槽は寝湯として造ったかと思いきや、生まれたばかりの孫のためだったとか。工夫を施し、500m先にある自家源泉から浴槽まで一切空気に触れることなく注がれているので、もちろん生まれたての源泉がオーバーフロー。湯口からは極小の気泡が無数に広がり、白い泡が浮いています。その気

黄色のポリ容器の露天風呂がなんともユニーク。

緑豊かな自然の中の「あきしげゆ」はグランドゴルフ場も併設。

レモネードのような色のモール泉が心地よいでーす。

泡が肌に付着し、驚くほどの強いヌルヌルツルツル感。レモネードのような色のモール泉で、湯上がりは清涼感がありながらもポカポカに。露天風呂の黄色のポリ容器には黄色透明のお湯が惜しみなく注がれ、湯のツルツル感と相まって肌触りが気持ちよい。自然の音しか耳に入らないのどかな環境の中で、のんびりと入浴できます。

随所にうかがえるご主人のこだわりと温泉愛。いつも素敵な笑顔で温かく出迎え・見送りをしてくださる奥様の姿に感激し、また会いに行きたくなる温泉なのです。そんなご夫妻の仲睦まじい様子を表しているのが温泉名。ご主人の名の秋光《あきみつ》と奥様の成子《しげこ》の頭文字を取って「あきしげゆ」というわけ。

Kyoko's eye

- ★雄大な自然に身をゆだね、日常を忘れてのんびりと入浴
- ★優しい笑顔の成子さんに癒される
- ★クレンジング作用のある美肌泉質でスベスベ肌に♡
- ★温泉好きなら10時の一番風呂を狙い、休憩を挟んで2回入るべし

温泉の感覚データ

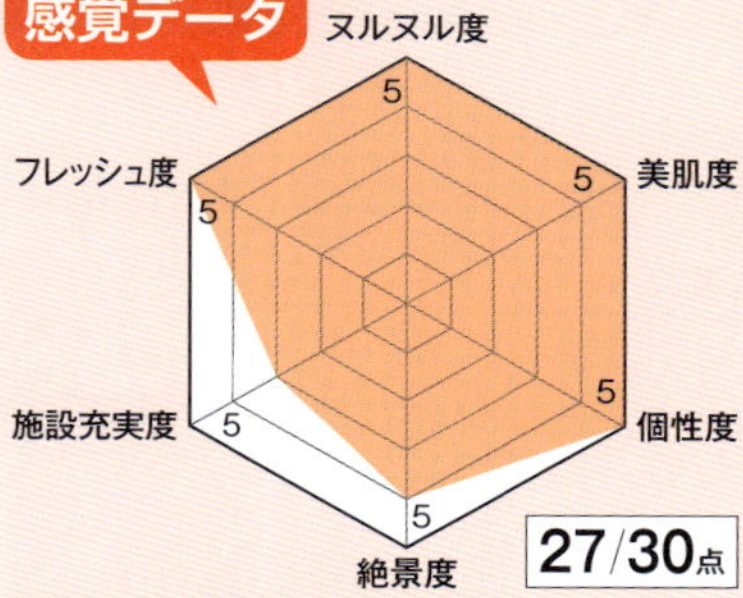

27/30点

泉質：アルカリ性単純温泉
（低張性-アルカリ性-高温泉）
泉温：45.1℃　湧出量：107.7ℓ/分
pH：8.5　溶存物質総量：618mg/kg
色・香り・味：黄色透明、モール臭・微硫化水素臭、甘味・微苦味
湧出形態：動力揚湯（深度1000m）

源泉かけ流し100%、自家源泉、アメニティ（ボディソープ）

DATA　日帰り入浴のみ

☎0984-37-1171
住　　所：宮崎県えびの市大字浦146
営業時間：10:00〜16:00（14:30受付終了、入浴は15:40まで）
定 休 日：毎月7日〜9日（9月は27・28日も）
料　　金：大人500円、3歳〜小学生300円
風　　呂：内湯男女各1、露天風呂男3・女2
駐 車 場：40台

大パノラマの展望露天風呂と贅沢な地獄上の蒸し風呂

温泉成分で岩や床が茶褐色に変色している上湯の展望露天風呂の先には広大な大地が。

絶景
自然湧出
自噴
自家源泉
露天風呂
貸切風呂
バリアフリー
日帰り
宿泊

宮崎県 えびの市
白鳥《しらとり》温泉 上湯《うえゆ》・下湯《したゆ》

えびの高原とえびの市街の間にある上湯と下湯は市営で、歩いて15分ほど離れています。江戸時代から利用され、かつては中湯もあったとか。上湯は征韓論に敗れて帰郷した西郷隆盛が狩りや湯を楽しみながら逗留《とうりゅう》し、風光明媚《めいび》なこの温泉をいたく気にいったといいます。

標高830m、霧島連山の白鳥山北麓にある上湯の露天風呂は絶景。えびの市街と九州山地を一望できる大パノラマが展開、山頂に着いた気持になり、思わず「ヤッホー」と叫びたくなります。39～40℃のぬるめの湯にゆったり浸かって眼下を見下ろすと、心地よい風が吹き抜けていきます。あえて選ぶなら紅葉の時季がおすすめです。裏山の地獄から自然湧出している貴重な温泉はpH3・6の弱酸性。肌を触るとキュッキュと引っかかる感じで、湯上がりはさらっとしていますが、硫酸イオン独特の張り付くようなぺたぺた感があります。硫化水素臭があり、酸味と収斂味《しゅうれんみ》、少し鉄味も。もう一つの名物が檜で造られた天然蒸し風呂。蒸し小屋の下が地獄になっており、その蒸気が浴舎に充満するという、とても贅沢でワイルドな蒸し湯です。熱い場合は自分でバケツで水をまいて温度を調整するスタイル。薄暗い室内に窓から光が差し込んで湯気を照らし神秘的です。硫黄と檜の香りが漂い、心安らぐ"おばあちゃんの家"の匂いにも似て郷愁を感じます。水蒸気が充満しているので息苦しくなく、全身しっとり。天然の地下水の水風

上湯

下湯

Kyoko's eye

★えびの市街を一望できる大パノラマの展望露天風呂
★地獄の蒸気がダイレクト！ 珍しい天然蒸し風呂
★上湯と下湯、それぞれの魅力を楽しもう！
★バリアフリーが嬉しい下湯の貸切風呂

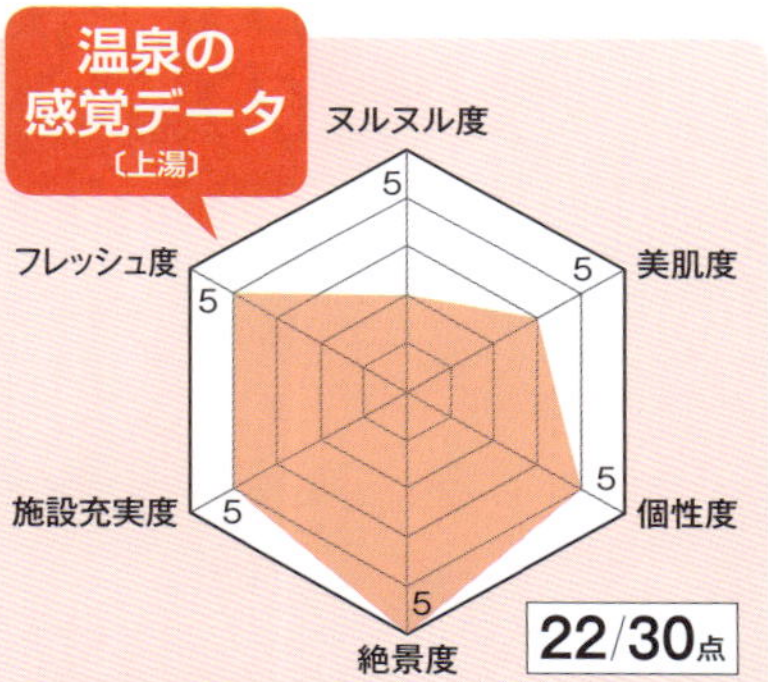

泉質：単純温泉（低張性-弱酸性-高温泉）
泉温：66.5℃
湧出量：66ℓ/分
pH：3.6
溶存物質総量：166mg/kg
色・香り・味：無色透明、弱硫化水素臭、酸味・鉄味・少エグ味
湧出形態：自然湧出

源泉かけ流し（加水）、自家源泉、アメニティ（リンスinシャンプー、石けん、ドライヤー）

DATA〈上湯〉 日帰り入浴・宿泊可

☎0984-33-1104

住　所：宮崎県えびの市大字末永1470
営業時間：入浴のみ7:00～20:00、休憩室9:00～16:00（広間）、11:00～15:00（個室）
定休日：第1火曜
客室数：和室6室（岩風呂付き客室1室含む）
料　金：入浴のみ/大人310円・子ども210円、休憩/大人660円～・子ども310円～、岩風呂付き個室/大人1240円・子ども770円、1泊素泊まり/大人2930円・子ども2160円、岩風呂付き個室/3名まで1万1310円（大人は別途入湯税要）
チェックイン：16:00　チェックアウト：10:00
風　呂：内湯男女各1、露天風呂男女各1、蒸し風呂
食　事：「白鳥茶屋」に各種メニューあり
駐車場：35台

広々とした下湯の内湯・大浴場。

下湯にはバリアフリーの貸切風呂もあります。

上湯の裏山にある地獄を見学。

呂もあり、サウナ好きではない私も、ここの蒸し風呂には足を運んでも入りたい！ 併設の白鳥茶屋では蒸気を利用した蒸し卵を自分で作れ、とても美味（野菜もOK）です。

下湯はスポーツを楽しめる広場やアスレチックもあるファミリー向けの施設。400mほど離れた源泉地（地獄）から引湯する自然湧出泉で、広めの大浴場や庭園露天風呂、蒸し風呂があります。二つの貸切風呂はバリアフリータイプで、身障者や高齢者への配慮も。

温泉・絶景・食事、霧島連山の恵みを受ける
標高1200mの国民宿舎

絶景
自家源泉
濁り湯
露天風呂
貸切風呂
日帰り
宿泊

自然の懐に抱かれている心地の絶景露天風呂。

宮崎県 えびの市

国民宿舎えびの高原荘

霧島錦江湾《きんこうわん》国立公園の北部にあるえびの高原は標高1200m、自然の宝庫として知られる観光エリアです。背後には日本百名山にも挙げられる霧島山（連山）の最高峰、標高1700mの韓国岳《からくにだけ》をはじめとする山々がそびえ、登山や池めぐりなどのトレッキングコースもたくさんあります。春から初夏にかけては世界中でここだけに自生する天然記念物のノカイドウや霧島を代表するミヤマキリシマなどが見られ、秋には鮮やかな紅葉で彩られます。

「えびの高原荘」はそんな大自然の中に建つ国民宿舎です。夏は避暑で訪れる人も多く、冬には敷地内に日本最南端の屋外スケート場がオープン。自家源泉が2本あり、内湯の大浴場、露天風呂、貸切の家族風呂、赤松林に囲まれた宿泊者専用の隠れ露天風呂では、毎分470ℓの豊富な湯を源泉かけ流しで堪能できます。一面ガラス張りの内湯は鉄分で茶色く変色。露天風呂からは雄大な霧島連山を望めます。澄んだ空気、風に踊る湯煙、ひんやりとした風に反して体を包み込む湯のぬくもりが最高に気持ちいい！ 抜群の自然環境のため、温泉による転地効果で五感に刺激を受け、精神疲労や体調不良に有効です。さらに標高が高いの

Kyoko's eye

★日本百名山! 韓国岳(霧島山)を眺めながら入れる絶景露天風呂
★宿泊して転地効果で心身ともにリフレッシュ!
★レストランで美味しい自然の恵みを堪能
★宿泊者専用の隠れ露天風呂では鹿に会えるかも!?

温泉の感覚データ

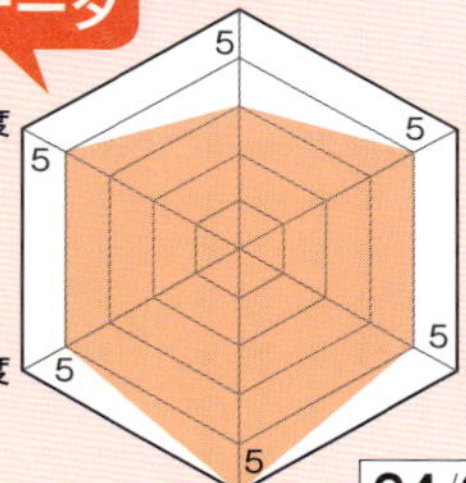

24/30点

泉質:①〔内湯家族風呂〕カルシウム・マグネシウム・ナトリウム-硫酸塩・炭酸水素塩泉(低張性-中性-高温泉)
②〔露天風呂、宿泊者専用露天風呂〕カルシウム・マグネシウム・ナトリウム-硫酸塩・炭酸水素塩・塩化物泉(低張性-中性-温泉)
泉温:①43.2℃、②39.4℃
湧出量:計470ℓ/分　**pH**:①6.6、②6.4
溶存物質総量:①1187mg/kg、②1391mg/kg
色・香り・味:緑褐色、金気臭《かなけしゅう》・薬臭、微金気味・微収斂味《びしゅうれんみ》
湧出形態:共に動力揚湯(深度300m)

源泉かけ流し(加温)、自家源泉、サウナ、アメニティ(シャンプー、リンス、ボディソープ、ドライヤー)

DATA　宿泊・立ち寄り入浴可

☎0986-33-0161

住　　所:宮崎県えびの市大字末永1489
営業時間:立ち寄り入浴11:30〜20:00(19:00受付終了、家族風呂・広間は11:30〜15:00)
定 休 日:無休
客 室 数:38室(和室33室、シングル4室、ハンディキャップルーム1室)
料　　金:1泊2食付き9200円〜(別途入湯税150円)、日帰り入浴大人520円・子供300円(広間での休憩は有料)
チェックイン:15:00　チェックアウト:10:00
風　　呂:内湯男女各1、露天風呂男女各1、家族(貸切)風呂4(1時間1030円+入浴料、宿泊者は無料)
食　　事:「和食レストランあかまつ」で宮崎牛陶板焼き、チキン南蛮定食、丼物、そばなど
駐 車 場:50台

外の景色が存分に楽しめる内湯の大浴場。

地鶏のけんちん蕎麦をぜひご賞味あれ。

宿泊者専用の隠れ露天風呂でリフレッシュ。

で心肺機能が鍛えられ、低血圧や貧血に良いとされています。湯には硫酸カルシウムが多く含まれているので鎮静・消炎作用があり、切り傷や皮膚のかゆみ、ニキビにも良く、血圧を下げる効果も。176・5㎎含有のメタケイ酸とカルシウムとの相乗効果で、湯上がりはツルツルしてしっとり感のある美肌の湯です。

併設の和食レストランでは県産の銘柄鶏と宮崎牛、そばが好評です。野菜をたっぷり使った「地鶏のけんちん蕎麦《そば》」や日本一と評価の高い「宮崎牛陶板焼き」、「チキン南蛮定食」などメニューが豊富で、お米もえびの産ヒノヒカリ。どれも美味ですが、湯上がりに飲んだ霧島連山の恵みの水があまりにも美味しくて驚き!

神々が宿る地に湧く
高濃度炭酸泉

手前に加温の鉱泉風呂、奥に高濃度炭酸泉、外に中濃度炭酸泉の露天風呂が。

自然湧出
自噴
源泉100%
自家源泉
濁り湯
ぬる湯
飲泉
露天風呂
日帰り
宿泊

宮崎県 高原町《たかはるちょう》

湯之元温泉

神代の昔から湧出していたと伝わる「湯之元温泉」は明治35年(1902)創業。神話の舞台でもあり、"天孫降臨"の高千穂の峰も望めます。山々に囲まれた田園風景の中、澄みきった空気が漂うのどかな一軒宿に国内外から温泉ファンが絶えず訪れ、いつも駐車場は満杯。有名アスリートが合宿したこともあります。

茶色に濁った鉱泉風呂と小さな檜の高濃度炭酸泉の内湯、中濃度炭酸泉の露天風呂があり、サウナや水風呂も。源泉が21・6℃のため41℃に加温した鉱泉風呂は、温泉成分が酸化して茶色くなり、湯船はゴテゴテの析出物で変色しています。また、飲泉用の源泉は強烈な炭酸味と鉄味がします。遊離二酸化炭素1314㎎の源泉そのままを味わえる高濃度炭酸泉は勇気のいる温度ですが、入ってしまえば案外平気。炭酸ガス系の入浴剤10~25個分の濃度らしく、湯を揺らさないのがコツです。底からパチパチと音をたててサイダーのように注がれ、一瞬にして体中泡だらけ。カーッと熱くなる感覚、炭酸成分で肌にピリピリした刺激があり、顔をつけるとビリビリ、目に入るととても痛い。寒くなったら加温浴槽へ。すると手先から足先までジーンとしびれ、成分が体にしみ入るようで癖になります。二酸化炭素泉(炭酸泉)は血行を促進。冷え性や末梢《まっしょう》循環障害、高血圧、心臓病などに良く「心臓の湯」とも。温冷交互浴をすると鉱泉風呂の温熱作用と高濃度炭酸泉の血管拡張作用の相乗効果が生じ、さらに

Kyoko's eye

- ★貴重な二酸化炭素泉の源泉そのままの浴槽あり
- ★炭酸泉の3種の浴槽に入って違いを比べてみる
- ★天然サイダーを飲泉してみよう
- ★鉱泉おにぎりをぜひ食べてみて

温泉の感覚データ

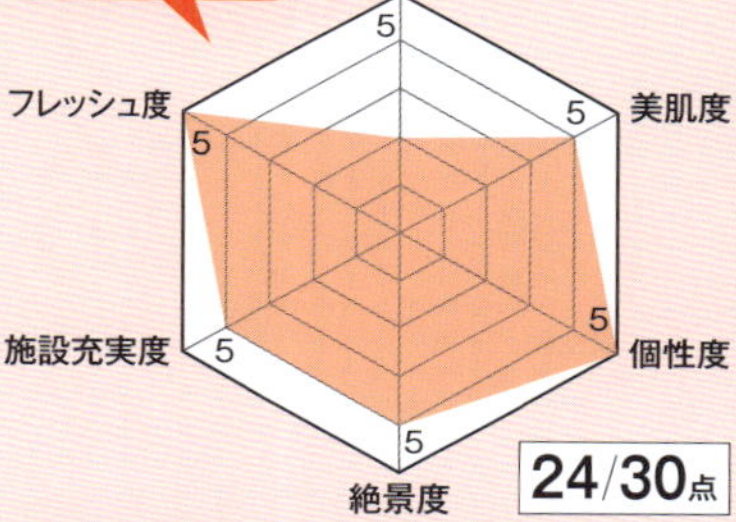

24/30点

泉質：含二酸化炭素-マグネシウム・ナトリウム・カルシウム-炭酸水素塩冷鉱泉（低張性-弱酸性-冷鉱泉）
泉温：21.6℃
湧出量：8.7ℓ/分
pH：5.8　**溶存物質総量**：3252mg/kg
色・香り・味：無色透明、無臭、強炭酸味・鉄味
湧出形態：自然湧出

源泉かけ流し100%（加温浴槽もあり）、自家源泉、サウナ、アメニティ（石けん、ドライヤー）

DATA　宿泊、立寄り入浴可

☎0984-42-3701

住　所：宮崎県西諸県郡高原町大字蒲牟田7335
営業時間：10:00〜22:00（入浴時間）
定休日：第1水曜（変更になる場合あり）
客室数：10室（和室6室、離れ3棟、特別室1）
料　金：1泊2食付き7710円〜1万950円、入泉料大人500円・子供250円（3歳以上）、休憩所利用は10:00〜16:00で大広間700円・個室3000円〜（税別）
チェックイン：15:00　チェックアウト：10:00
風　呂：内湯男女各1、露天風呂男女各1、高濃度炭酸泉（冷泉）男女各1、水風呂男女各1
食　事：鉱泉おにぎり以外に食事もとれますが、事前に確認・予約を
駐車場：60台

飲泉場では天然のサイダーのような鉱泉を汲んで持ち帰れます。

高濃度炭酸泉で一瞬にして泡だらけになった私の腕。

素朴ながら美味の名物・鉱泉おにぎり。

血行が促進され、老廃物を排出しやすくなります。中濃度炭酸泉は35℃とぬるめでしじみ色に薄く濁り、ミネラルも多いので浴感はキシキシする感じ。湯上がりはさっぱりとして清涼感がありながら、体は赤くなってポカポカ。炭酸はタンパク質に吸着し汚れを落とす作用があるので、肌のくすみが改善され、透明感が出てピッカピカに！

忘れてはならないのが「鉱泉おにぎり」。鉱泉で炊いているのでもち米のような粘り気があり、お米本来の甘さとゴマの風味、塩分もマッチ。鉱泉で割った炭酸泉カルピスは少し鉄の味がし、胃腸機能低下に◎。

九州トップクラスの湯量を誇るリーズナブルな充実施設

モミジなどの木々を眺めながらゆっくり入れる本館露天風呂「女湯」。

絶景
源泉100%
自家源泉
濁り湯
飲泉
露天風呂
貸切風呂
バリアフリー
日帰り
宿泊

宮崎県 小林市

恵《めぐみ》の湯 神《かん》の郷《ごう》温泉

北霧島の裾野、杉木立に囲まれたのどかな佇まいの和風の大型温泉施設。小林市の中心部から車で10分と近く、地域密着型の人気の温泉です。立ち寄り湯は本館大浴場と6室の貸切風呂。宿泊すると本館大浴場の他に離れの宿泊者専用ひのき風呂を利用できます。入口には鍾乳石のような見事な析出物オブジェや無料の飲泉場が。2本の泉温の違う源泉を混合して適温にし、かけ流し１００％で提供。その湯量は合わせて毎分約１・５ｔと九州でもトップクラスです。大浴場の内湯の湯口からボコッボコッと噴水のように噴出し、もったいないほどの量の湯がかけ流されオーバーフロー。湯口付近で湯面をバンっと叩くと、ジュワジュワと炭酸成分が上がってきます。浴槽は赤茶色に変色し、床はアイボリーと赤茶色の析出物のアートに。露天風呂は打たせ湯付きの岩風呂。湯口には大きなサンゴのような析出物があり、ボコボコと湯があふれています。石や床は温泉成分できなこ色にコーティングされ、陶器のようなしっとりした肌触りが気持ちいい！もう一つの露天風呂は浅めで半身浴・寝湯仕様。しじみ汁のような少し青みを帯びた濁り湯で柔らかい肌触り。炭酸水素イオンを１５００㎎以上、遊離二酸化炭素も約５００㎎含み、湯上がりはとても温まり、クレンジング効果でツルツル肌に。ただし乾燥しやすいので保湿を忘れずに。また、マグネシウムとカルシウムのバランスも良く、鎮静・鎮痛・

抗炎作用も。１００㎎以上含有のメタケイ酸とカルシウムとの相乗効果で、肌を滑らかに整えてくれます。飲泉では胃・十二指腸潰瘍、耐糖能異常（糖尿病）、高尿酸血症（痛風）などに効果が期待できます。

貸切風呂は内湯に露天風呂が付き、内湯の湯面にはシュワシュワと白い泡が舞っていて体中に微細な気泡がびっしりと付き、泡でヌルヌルとした浴感。一番湯が本当に新鮮だということがわかる一押しスポットです。また、朝採れ野菜のヘルシーメニューを中心とした40種以上のバイキングと温泉入浴のセットは１３７０円とお得！

本館大浴場の男湯。男女とも大小の内湯・露天風呂、遠赤外線サウナあり。

昼・夜とも食事はバイキング形式、飲み物・デザートもご自由に。

貸切風呂は全て内湯と露天風呂、休憩室、テレビ、エアコン、洗面台、トイレ等完備。

Kyoko's eye

★豊富な湯量で贅沢に源泉かけ流し100%
★泡付きのある貸切風呂の内湯は鮮度抜群!
★飲泉で体の中から健康に
★低価格で宿泊できるのが嬉しい
★バイキングと入浴のセットはお得

温泉の感覚データ
〔2源泉を総合して〕

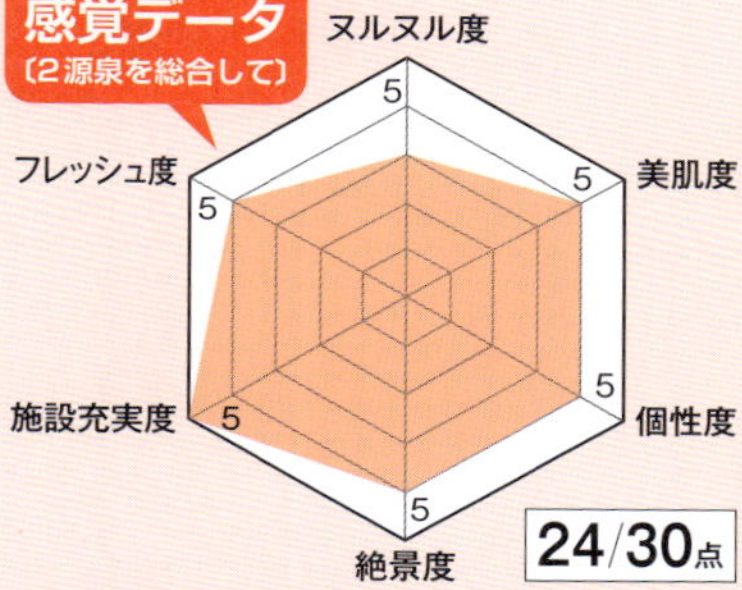

24/30点

泉質：①マグネシウム・ナトリウム・カルシウム-炭酸水素塩泉（低張性-中性-温泉）
②ナトリウム・マグネシウム・カルシウム-炭酸水素塩泉（低張性-中性-高温泉）
泉温：①40.1℃、②44.3℃
湧出量：①486.9ℓ/分、②1028.4ℓ/分
pH：①6.5、②6.9
溶存物質総量：①2553mg/kg、②2936mg/kg
色・香り・味：①無色透明、無臭、炭酸味・微鉄味
②微黄色褐色、金気臭《かなけしゅう》、炭酸味・鉄味
湧出形態：動力揚湯（深度①200m・②300m）

源泉かけ流し100%、自家源泉、サウナ、アメニティ（シャンプー、リンス、ボディソープ、ドライヤー）

DATA 宿泊、日帰り・立寄り入浴可

☎0984-23-2006
住　所：宮崎県小林市細野5273-19
営業時間：7:00～22:00（受付は21:00まで）
定休日：不定休（年4回ほど休館）
客室数：25室（本館和室11室、離れ2室、露天風呂付き離れ12室）
料　金：1泊2食付き7450円～（露天風呂付き離れ8950円～）、入浴料/大人1回500円・1日700円
チェックイン：15:00　チェックアウト：11:00
風　呂：内湯男女各1、露天風呂男女各2、露天付き貸切風呂6（内湯・露天〈ひのき・石各3〉・休憩室、1時間/平日1500円～・土日祝日2000円～）
食　事：お食事処「和（なごみ）」で昼夜ともにバイキング形式、昼1000円・夜1650円（大人）
駐車場：150台

五感で楽しむ温泉の魅力

温泉研究家・一級建築士

郡司　勇

全日本温泉研究会会長

青い湯でつるつるの「ゆふいん泰葉」にて。

日本には2万8000か所以上の源泉と3900か所以上の温泉地があり、温泉を回って楽しむのは日本人に与えられた特権だと思います。旅行といえば温泉旅館に泊まるのが普通ですし、温泉巡りも人生をかけられる趣味になるでしょう。私は現在までに4897か所の温泉地を回っています。これは宿泊施設がある温泉地のほかに日帰り温泉施設、野湯なども含めているためです。温泉地1か所で1カウントなので、同じ温泉地の旅館や入浴施設などを含めると7100か所くらいの温泉に入浴しています。30年以上温泉を回っていますが、ただ漫然と温泉に入浴するのではなく、湯の感触をよく観察して入浴すると、非常に興味深く楽しい温泉巡りができます。

味覚で感じる温泉の個性

温泉は各種の個性を持っています。まず温泉には泉質があり、それぞれ違った感触を持っています。それは味覚によく表れており、私が「TVチャンピオン」で温泉に触れて温泉地を確定できた大きな理由は味覚です。硫黄泉であればたまごのような味、酸性泉であればレモンのような酸味、重曹泉であればエグ味、硫酸塩泉であれば薬味、炭酸泉であれば清涼炭酸味、食塩泉であれば塩味、単純泉であればほのかな味覚、明礬泉《みょうばんせん》であれば渋柿のような収斂味《しゅうれんみ》、鉄泉であれば苦味があります。これで泉質がわかります。

多彩な色も温泉の楽しみ

また、一目でわかる色のついている温泉もあります。無色透明が多いのですが、鮮やかな色を持つ温泉も数多くあります。まず多いのは赤い色の温泉。これは鉄分によるもので、5mgから緑色に近くなり10mgくらいになると赤くなります。有馬温泉や伊香保温泉などが知られ、伊香保温泉は10mg、有馬温泉は50mg以上の鉄分が入っています。

次に温泉らしいのは白い湯で、これはほぼ硫黄泉といえます。万座温泉や日光湯本温泉、雲仙温泉、酸ケ湯《すかゆ》温泉、別府の明礬温泉などは硫黄分が多く、湧出直後は透明ですが、熟成すると白濁し、非常に存在感のある温泉になります。

また、同じ硫黄泉でも緑色になる温泉もあります。白濁する温泉が遊離硫化水素によるものであるのに対し、硫化水素イオンが含有されている温泉に多く見られます。代表的な温泉は月岡温泉、国見温泉、湯之元温泉、熊の湯温泉（長野）などで、美しい緑色透明で市販の入浴剤を入れたように見えます。

黒い色の温泉もあります。太古の植物や海藻などが炭化して石炭になる前段階の亜炭（モール）が含有されていると黒くなります。これは分析表では有機物と表記され、50㎎以上になると墨汁のような色になります。濃いものは東京の大田区、金沢市内、鹿児島の吉松周辺にあり、真っ黒でつるつるした感触の存在感の大きな温泉です。

赤褐色の温泉もあります。有機物が25㎎程度の温泉で黒湯の薄いものです。紅茶のような赤褐色透明でたいへん美しく、足まで透けて見えます。モール臭といわれる森の香りのような芳香もあり、金沢の兼六温泉や北海道の標茶《しべちゃ》温泉、十勝川温泉などにあります。

有機物がさらに少なくなり、分析表には表記されないほど微量の温泉は黄色くなります。薄い日本茶のような色は、モール泉のもっとも薄いものといえます。福島県の新菊島温泉などにあり、鼈甲飴《べっこうあめ》のような色です。

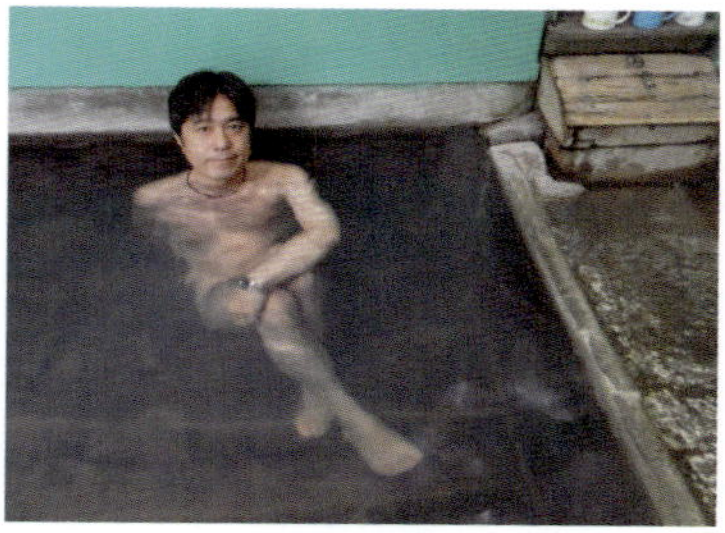

街の中にひっそりとたたずむ別府の亀川筋湯。

変わり種は青い色の温泉。別府の「いちのいで会館」や「神和苑《かんなわえん》」、由布院の「庄屋の館」や「泰葉」、はげの湯温泉の「わいた山荘」や鳴子温泉の「すがわら旅館」、和歌山の雲取温泉など、温泉地の中でも特定の源泉だけに見られます。この温泉が青いのは空が映っているのではなく、コップですくっても薄い青色になっています。メタケイ酸が多く、湧出温度が100度近い高温泉に限られます。メタケイ酸の分子が凝集して一定の大きさになると薄い紫色透明になります。その後、青色透明になってもっとも美しくなりますが、透明な源泉からこの美しい青色になるまで2日ほどかかります。その後、青白濁してきて最終的に白濁してしまうという色の変化のある温泉です。

匂いや体感も味わいたい

匂いで代表的なのは腐卵臭でしょう。これは硫黄泉の温泉地に近づくと漂ってきて温泉情緒の一つとなりますが、実はこの気体は遊離硫化水素で猛毒です。硫黄泉の温泉地に行くと、浴槽から扇風機で換気しているのはこのためです。次に赤い温泉で特有の鉄さび臭。これは金気臭《かなけしゅう》ともいわれ、まだ赤くなる前の緑色不透明の源泉からも匂います。また、香ばしいえびせんやかつおぶしのような匂いもあります。これは新鮮な湯の特徴で、かけ流しの温泉の湯口で感知することができます。

温泉では体感も貴重です。まずよく知られるつるつる、ぬるぬるして滑りそうになる湯。これらは重曹泉が多く、またアルカリ性単純泉でも炭酸イオンの多い温泉があてはまります。体じゅうに気泡が付着する温泉もあります。これは炭酸分によるものもありますが、多くは新鮮で普通の気体、窒素や酸素などが湯の中に凝縮されていて、産毛を媒介して気化することが多いです。

このようにいろいろの個性を持った温泉がたくさんある日本は、非常に含蓄のある温泉大国です。温泉巡りは末長く付き合える趣味といってよいでしょう。

北出♨コラム①

私はこうして温泉にはまった！

温泉通のタレントとして様々なメディアで活動し、“九州温泉道”の選定委員にまでさせていただいている私ですが、実は温泉にはまり始めたのは割と最近でした。家族がみんな温泉好きで、幼い頃からよく温泉に連れていってもらいましたが、温泉好きは人並みで、入湯すれば良い気持ちだなぁという程度でした。

そんな私が温泉にのめり込むきっかけとなったのは、今から３年ほど前のこと。自宅近くのホテルでキャラメルマキアートを飲むのが好きだった私は、いつものように飲みながらぼーっとしていると、ふと「温泉」という二文字が天から降ってきたのです。あれは世にいう「天啓」というものだったのかもしれません。数日後、福岡県内の温泉施設に行って湯上がりにコーヒー牛乳を飲んでいた時、ふと壁の掲示板を見ると“温泉ソムリエ”開催の告知が貼ってあるのが目に入りました。数日前の閃《ひらめ》きを思い出し、これも何かの縁と思い受講することにしました。

その講座で温泉の知識を勉強して、温泉の奥深さを知ったのが、温泉にはまる決定打となりました。それまでは、温泉の違いなんて気にしたこともありませんでしたが、温泉ソムリエの講習は温泉の定義や効果、泉質の特徴、正しい入浴法、温泉分析書の読み取り方など幅広い講座内容で、どれも初めて見聞きするものばかり。まさに目からウロコでした。その後も温泉関連の資格を取り続け、現在 11 種の資格を有しています。そのなかの温泉マイスター試験はユニークで、筆記試験と利き湯で温泉を答える実技試験があり、難易度は高かったのですが、共に満点合格で、とても自信がつきました。

そんな様々な資格取得で知識を得ると、今度は実際に温泉を回って確かめたくなりました。それから、怒《ど》濤《とう》のような私の温泉道が始まるのです。

温泉ソムリエの認定証。これが私の原点です。

鹿児島県

旅行人山荘（霧島市 霧島温泉）
霧島ホテル（霧島市 硫黄谷温泉）
忘れの里 雅叙苑（霧島市 妙見温泉）
妙見 石原荘（霧島市 妙見温泉）
浜之市ふれあいセンター 富の湯（霧島市）
栗野岳温泉 南洲館（湧水町）
花の温泉ホテル 吟松（指宿市 指宿温泉）
たまて箱温泉・砂湯里（指宿市 指宿温泉郷）
旅籠 しび荘（さつま町 紫尾温泉）
湯川内温泉 かじか荘（出水市）

2種類の湯と自然と絶景を満喫

ひっそりとした風情たっぷりの一番人気・赤松の湯にしっぽり浸かる。

絶景　自然湧出　自噴　自家源泉　濁り湯　飲泉　露天風呂　貸切風呂　バリアフリー　日帰り　宿泊

鹿児島県　霧島温泉（霧島市）

旅行人山荘

大正6年（1917）創業の老舗旅館。東京ドームが三つ入る5万坪の敷地を誇り、森林セラピーロードにも選ばれている自然林の散策路を歩くと、清冽《せいれつ》な花房の滝に出会えます。

館内は昭和初期の面影を残しつつ、ユニバーサルデザイン（バリアフリー）を採用。「鹿の湯」はシャワーキャリーやチェア、手すりなどが完備し、車椅子の方でも露天風呂に入れます。一番人気は霧島温泉郷初の露天風呂「赤松の湯」。敷地内の階段を下った先にあり、手つかずの自然の中にぽつんとある湯に一人で入っていると、山中に取り残された気持ちに。一面の雑木林と静けさに包まれ、小鳥のさえずり、樹々のざわめき、森の香りを感じられます。木漏れ日が白濁した湯船と湯煙を照らし、とても幻想的な雰囲気。運が良ければ鹿や狸《たぬき》や猪《いのしし》などに出会えることもあります（私は親子の鹿を間近で見ながら入浴をしたことが！）。大浴場の内湯は単純温泉、露天風呂は単純硫黄泉。標高700mほどの大浴場の露天風呂は、天気が良ければ桜島や錦江湾《きんこうわん》や開聞岳《かいもんだけ》まで見渡せる絶景（客室、足湯、レストランなども眺望抜群）！夜には鹿児島市街の夜景や満天の星空も見られます。pH5・5、総硫黄10・3㎎の単純硫黄泉は、マイルドな硫化水素臭と浴感。湯上がりは肌が柔らかく潤う感じ

Kyoko's eye

★天気の良い日は桜島や錦江湾や開聞岳が見られる絶景!
★単純温泉と単純硫黄泉の2種類の泉質が楽しめる
★広大な敷地では大自然を感じながらの散策や野生の動物にも出合える
★ユニバーサルデザインの温泉や客室を完備

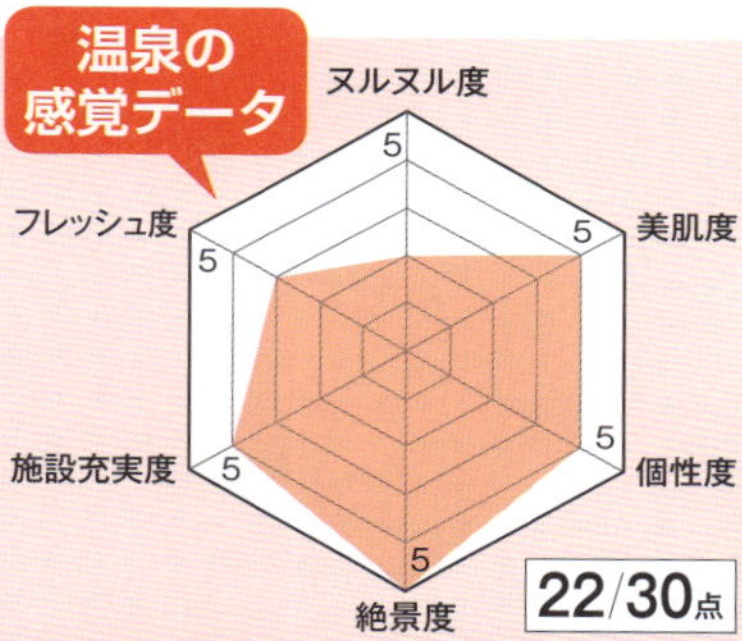

泉質：①〔大浴場 露天風呂、赤松の湯、鹿の湯〕単純硫黄泉<硫化水素型>(低張性-弱酸性-高温泉)
②〔大浴場 内風呂、もみじの湯、ひのきの湯〕単純温泉(低張性-中性-高温泉)
泉温：①81.6℃、②69.5℃
湧出量：①56.6ℓ/分、②38.8ℓ/分
pH：①5.5、②6.8
溶存物質総量：①210.5mg/kg、②822mg/kg
色・香り・味：①白濁、硫化硫黄臭、甘味・微苦味
②無色透明、微硫化水素臭、無味
湧出形態：共に自然湧出

源泉かけ流し(加水)、自家源泉、アメニティ(シャンプー、リンス、石けん、ボディソープ、ドライヤー)

DATA 宿泊・立ち寄り入浴可

☎0995-78-2831

住　　所：鹿児島県霧島市牧園町高千穂字龍石3865
営業時間：立ち寄り入浴12:00〜15:00(大浴場)、11:00〜14:10(貸切露天風呂)
定 休 日：不定休(年3〜4日程度)
客 室 数：39室(和室26室、洋室8室、和洋室2室、露天風呂付き3室)
料　　金：1泊2食付き平日1万734円〜、立ち寄り入浴/大浴場540円・貸切露天風呂1080円
チェックイン：15:00　チェックアウト：11:00
風　　呂：内湯男女各1、露天風呂男女各1、貸切風呂4(うち3は露天で宿泊者は無料)
食　　事：併設の「レストラン霧島」で松花堂弁当2160円、和食会席3240円〜(休前日を除き11:30〜12:30・要予約)
駐 車 場：60台

「大隅の湯」の露天風呂で抜群の眺望を楽しむ。

ガラス張りの開放的かつ絶景のレストラン。

新緑や紅葉が美しい貸切風呂「もみじの湯」。

です。硫黄の温泉は血行を促進するのでよく温まり、老廃物を排出しデトックスにも効果的。また、余分な皮脂を洗い流してくれるので、肌荒れにもおすすめです。さらにメラニンを分解する働きがあるため、美白効果も！

宿泊すると、帰りに押し花のカードや季節によってはバラなどをプレゼントしてくれるホスピタリティも魅力。宿泊料はリーズナブルながら施設が充実しており、美肌に良いので、女性同士の旅行にもおすすめです。

豊富な湯量と泉質を誇る巨大温泉テーマパーク

天下の名泉、ド迫力の「硫黄谷庭園大浴場」のフリーゾーンは、19:30〜22:00まで女性宿泊者専用タイム。

絶景
自然湧出
自噴
自家源泉
濁り湯
露天風呂
日帰り
宿泊

鹿児島県 硫黄谷温泉（霧島市）

霧島ホテル

開湯３００年余の霧島温泉郷の硫黄谷温泉にあり、創業１５０年を超える歴史ある宿。前身の霧島館には坂本龍馬とおりょうも温泉療養と新婚旅行を兼ねて立ち寄ったとか。「天下の名泉」というキャッチフレーズの通り、歌人や文豪、芸術家、政治家なども来訪。30万坪の広大な敷地には「百年杉庭園」があり、天に伸びる約3万本の杉林の間に陽光が差し込む神秘的な雰囲気の中、森林浴をしながら散策が出来ます。あたりでは鹿、猪《いのしし》、ムササビなどに出合うことも。

硫黄泉、明礬泉《みょうばんせん》、塩類泉、鉄泉の4種類に分類される14もの泉源を持ち、それぞれを楽しむことが出来ます。名物の硫黄谷庭園大浴場はそんじょそこらの大浴場とは雲泥の差。巨大屋内プールといった感じで、硫黄の香る白濁した湯が満たされ、奥行き25mの湯の海に瓦屋根の浴舎や紅《あか》い橋が架かり、湯の川が流れています。その様はまるで竜宮城のよう！ 奥の高さ10mの巨大湯口から湯煙を上げながら草津温泉の湯畑のような木樋《もくひ》を通り、ドバドバとすさまじい勢いで大量に注がれています。この広さなので源泉かけ流しではなかろうと思いきや、自噴のそれと知り驚きました。これだけの浴槽をかけ流しで満たせるだけの豊富な湯量と、霧島温泉の素晴らしさに感激。大

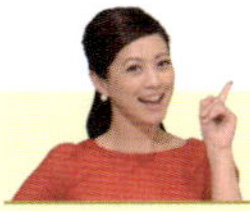

Kyoko's eye

- ★坂本龍馬も入った湯量豊富な自噴泉
- ★異なる泉質の湯めぐりと様々な入浴法を満喫
- ★「百年杉庭園」の散策でマイナスイオンを吸収
- ★宿泊もリーズナブルで料理も美味しく、コスパ良し

温泉の感覚データ
（①のフリーゾーン）

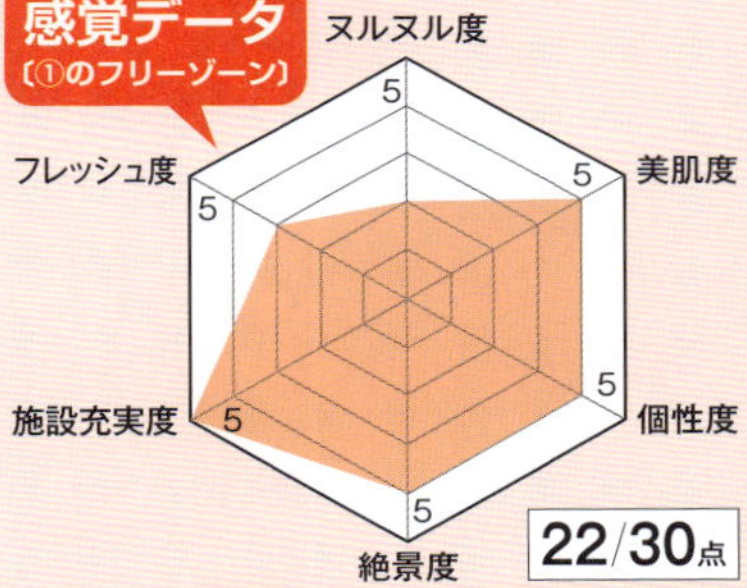

泉質：①〔庭園大浴場フリーゾーン、露天風呂〕単純酸性硫黄温泉（低張性-酸性-高温泉）
②〔男女大浴場〕単純酸性温泉（低張性-酸性-高温泉）
泉温：①58.5℃、②64.4℃　**湧出量**：不明
pH：①2.9、②3.0
溶存物質総量：①543㎎/kg、②574mg/kg
色・香り・味：①白濁、硫化水素臭、酸味・収斂《しゅうれん》味《み》
②無色透明、無臭、強酸味・エグ味・鉄味
湧出形態：自然湧出

源泉かけ流し（加水）、自家源泉、サウナ、寝湯、打たせ湯、アメニティ（シャンプー、リンス、ボディソープ、ドライヤー、フェイスタオル）

DATA　宿泊・立ち寄り入浴可

☎0995-78-2121
住　所：鹿児島県霧島市牧園町高千穂3948
営業時間：立ち寄り入浴11:00～17:00（利用状況により早めに終了する場合あり）
定休日：不定休
客室数：95室（和室、和洋室、洋室）
料　金：1泊2食付き1万4190円～、立ち寄り入浴/大人1000円・3歳～小学生500円
チェックイン：15:00　チェックアウト：10:00
風　呂：内湯男女各1、露天風呂男女各1、混浴1
食　事：食事付き個室利用の日帰り入浴プランあり（3日前までに要予約）
駐車場：100台

女性ゾーンの露天風呂「晶子の湯」

150年以上前に創始者が植林を始めたという杉林「百年杉庭園」

日帰りプランの料理のイメージ。

量の湯の華が舞い、肌触りはマイルドながら肌が引き締まる感覚とピリピリする浴感。湯上がりはツルツルになり、パウダーを叩いたように肌はさらっと。この大浴場は硫黄泉、明礬泉、塩類泉、鉄泉の4種類の湯船や露天風呂、立ち湯、寝湯、打たせ湯、サウナなどバラエティーに富んでおり、湯めぐりを存分に楽しめる温泉テーマパークといえます。硫黄谷庭園大浴場のフリーゾーンは男女混浴ですが、バスタオルがOKなので女性でも大丈夫。湯の個性を楽しむなら、内湯の硫黄泉と明礬泉がおすすめです。要予約の日帰りプランもあり、龍馬が好きだったという軍鶏《しゃも》鍋も食べられます。

世界に認められた日本の原風景と極上の湯

宿泊しなくても体感できるワイルドで存在感抜群の「建湯」。

自然湧出
自噴
源泉100%
自家源泉
露天風呂
貸切風呂
日帰り
宿泊

鹿児島県　妙見《みょうけん》温泉（霧島市）

忘れの里 雅《が》叙《じょ》苑《えん》

鹿児島空港から程近い山間の地・妙見温泉の天降川《あもりがわ》沿いの自然の中にひっそりと溶け込む昔の集落のような宿。「この道 にわとり優先」の看板を過ぎ、緑陰の木道を行くと薪の香りが漂い、茅葺《かやぶ》きの古民家、放し飼いの鶏、囲炉裏、昔ながらの台所など、日本の原風景が現れます。1970年代後半に古民家を移築し、客室に露天風呂を造った先駆的な旅館で、「ななつ星in九州」の宿泊先であり、九州で唯一ルレ・エ・シャトー（世界的な名ホテル&レストランの組織）に加盟認定された世界が認める宿に立ち寄り入浴ができるのは魅力！ 昼食とセットでのみ可能です。

3本の自家源泉があり、立ち寄りで入れる大浴場の「建《たける》湯《ゆ》」は37℃と54℃の二つの源泉を混合して温度を調節、加水・加温なしの源泉かけ流し100%。20tの安山岩を1週間かけて運び、6カ月かけてくり抜いたこだわりの湯船は、岩のぼこぼこ感や柔らかい肌触りが気持ちよく、岩に癒されるのは初めての感覚。湯量豊富で豪快にかけ流され、析出物がごってりと付着して存在感抜群です。ナトリウム・マグネシウム・カルシウム-炭酸水素塩泉で、ミネラルをバランスよく含み、炭酸水素イオン1036㎎、遊離二酸化炭素659.4㎎。血流が良くなり老廃物を排出しデトックス、肌の皮脂や古い角質を落として美肌力アップ。さらにカルシウム

Kyoko's eye

★ルレ・エ・シャトー認定ながら手軽に立ち寄り入浴可
★源泉かけ流し100%のフレッシュな美肌の湯
★宿泊者専用の「ラムネ湯」は足元湧出
★素材にとことんこだわった日帰りランチメニュー

温泉の感覚データ〔建湯〕

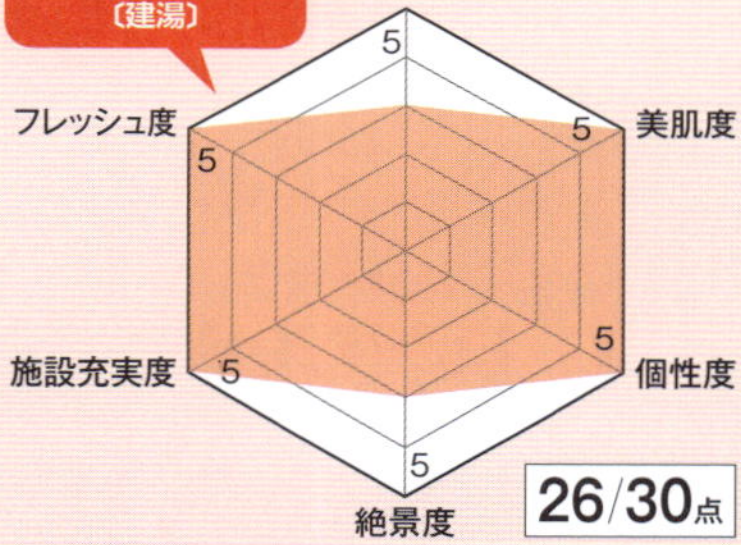

泉質：〔建湯〕ナトリウム・カルシウム・マグネシウム-炭酸水素塩泉（低張性-中性-高温泉）
泉温：48.8℃　**湧出量**：不明
pH：6.3　**溶存物質総量**：2044mg/kg
色・香り・味：無色透明、金気臭《かなけしゅう》、鉄味・炭酸味
湧出形態：〔建湯〕掘削自噴、動力揚湯
〔ラムネ湯〕自然湧出（足元自噴）

源泉かけ流し100%、自家源泉、打たせ湯、アメニティ（シャンプー、リンス、ボディソープ、ドライヤー）

DATA 宿泊・立ち寄り入浴（昼食付きのみ）可

☎0995-77-2114

住　所：鹿児島県霧島市牧園町宿窪田4230
営業時間：立ち寄り入浴12:00～15:00（昼食時）
定 休 日：無休
客 室 数：和室10室（うち風呂付き8室）
料　金：1泊2食付き2万6070円～、昼食付き入浴3240円
チェックイン：13:00　チェックアウト：12:00
風　呂：内湯男女各1（15:00以降は貸切風呂に）、貸切風呂1（宿泊者は無料）
食　事：ランチセット・コース付きのプランを利用
駐 車 場：10台

宿泊者専用の貸切風呂「ラムネ湯」は極上の湯。

素材にこだわった「一汁山菜」の品々。

野趣に富んだ敷地内で鶏と対面(?)。

や天然保湿成分のメタケイ酸も231・4㎎含み、潤いを与えてくれますが、入浴後すぐの保湿剤が必須です。湯上がりは清涼感がありながらポカポカ。もう一つの源泉、宿泊者専用の「ラムネ湯」は希少な足元自噴。全身細かな炭酸の気泡に包まれ、透明な湯に茶色い大粒の湯の華と微細な銀色の泡がキラキラと舞い、ジュエリーのよう。38℃ほどとぬるいのでリラックスでき、温泉マニアからも極上と高評価です。茶房のランチコースの一つ「一汁山菜」は系列の「天空の森」の旬の有機野菜や自家飼育の鶏肉・卵などを使った素朴ながら洗練された味。自然の恵みに感謝し、日頃の喧騒を忘れさせてくれる温泉です。

自然に抱擁される 渓流沿いの美景露天風呂

豪快で爽快な「椋の木露天風呂」。山側には大きな椋の木が生えていて、夏は木陰になり涼しい。川沿いには自然湧出の源泉のオブジェも。

絶景 / 自噴 / 源泉100% / 自家源泉 / 飲泉 / 露天風呂 / 貸切風呂 / 日帰り / 宿泊

鹿児島県 妙見温泉《みょうけん》（霧島市）

妙見 石原荘

鹿児島県の中央部、鹿児島空港からも程近い妙見温泉は、隼人《はやと》・新川渓谷温泉郷の一つとして国民保養温泉地に指定され、自炊のできる湯治宿も残っています。当地の高級旅館「妙見 石原荘」は、1万坪という広大な敷地内に贅沢に造られたスタイリッシュで洗練された和モダンな宿。天降川《あもりがわ》のせせらぎと深い緑に囲まれ、「ななつ星in九州」の宿泊先にもなっています。

湯量豊富な自噴泉7本のうち4本を、石蔵の客室露天、椋《むく》の木露天風呂、大浴場の天降殿と貸切露天の七実《ななみ》の湯・睦実《むつみ》の湯、特別室・椿の客室露天のそれぞれに使用。おおむね55℃ほどの源泉を熱交換器で冷まし、加水・貯槽をせず、地中からあふれ出る湯を空気に触れさせずに源泉かけ流し100％で提供するこだわり。「椋の木露天風呂」は天降川に手が届きそうな迫力のロケーションで、渓流の音が騒がしいほど。川の中や湯船の周りの岩は苔むし、川と湯船が一体化。14mしか離れていない源泉の湯が足元から湯船に注がれており、とてもフレッシュで肌に炭酸の刺激を感じます。炭酸水素イオン1129㎎、遊離二酸化炭素を583・2㎎含み、細か

Kyoko's eye

★鮮度にこだわった源泉かけ流し100%
★天降川沿いの自然に溶け込む絶景露天風呂
★ミネラル分豊富な飲泉にもチャレンジ!
★高級旅館の絶品料理を手軽にいただける昼温泉プランがおすすめ

温泉の感覚データ
〔椋の木露天風呂〕

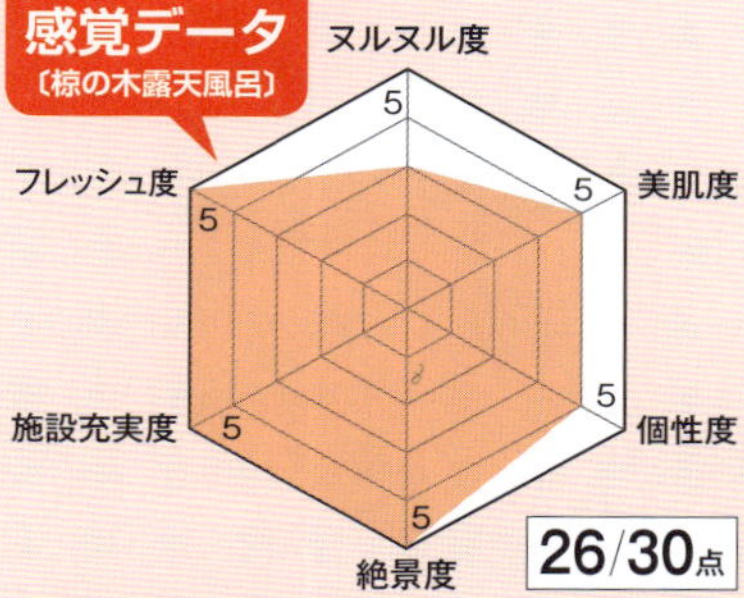

泉質：①〔椋の木露天風呂〕ナトリウム・カルシウム・マグネシウム-炭酸水素塩泉（低張性-中性-高温泉）
②〔内湯、七実の湯、睦実の湯〕ナトリウム・カルシウム・マグネシウム-炭酸水素塩泉（低張性-中性-高温泉）
泉温：①55.2℃、②54.8℃
湧出量：①180ℓ/分、②330ℓ/分
pH：共に6.4
溶存物質総量：①2155mg/kg、②1755mg/kg
色・香り・味：①無色透明、金気臭・炭酸臭、炭酸味・微《び》金《かな》気《け》味《あじ》
②笹濁り、金気臭、炭酸味・甘味・微金気味
湧出形態：共に掘削自噴（深度①120m・②150m）

源泉かけ流し100%、自家源泉、サウナ、アメニティ（シャンプー、リンス、ボディソープ、ドライヤー）

DATA 宿泊・立ち寄り入浴可

☎0995-77-2111
住　所：鹿児島県霧島市隼人町嘉例川4376
営業時間：立ち寄り入浴10:00〜15:00
定休日：無休
客室数：19室（和室15室、洋室2室、和洋室2室）
料　金：1泊2食付き2万3910円〜、立ち寄り入浴1200円（食事付きの昼温泉プラン・夜温泉プランもあり）
チェックイン：16:00　チェックアウト：10:00
風　呂：内湯男女各1、露天風呂3（時間帯により男女・混浴・貸切制が交替）
駐車場：40台

まさにウッディな「七実の湯」。足湯や飲泉場もあり、無料で利用できます。

昼温泉プランのメニューの季節のかご盛り膳。

本館特別室・椿の露天風呂。様々なタイプの客室があり、石蔵を利用した部屋も。

い泡が体中に付着しぬるっとします。渓流を見下ろす「七実の湯」は木で造られた温かみのある露天風呂で、元々あったナナミノキが浴室を貫いており、まるでツリーハウスのよう。木々の隙間から木漏れ日が差し込み、ほんのり白く濁った湯を降り注ぐように照らし、夢見心地に。日中の日帰り入浴時間には椋の木露天は男湯、七実の湯は女湯。神殿のようなレリーフが描かれた内湯の「天降殿」は広い湯船で、ゆったりと入浴できます。色も勢いも天降川のような湯が贅沢すぎるくらいかけ流され、鮮度抜群でツルツルとし、まさに至福の時。「睦実の湯」は世界的建築家・中村好文氏の設計デザインで風情たっぷりです。

体が浮き上がる!
濃厚な強塩泉でポカポカ

ご覧の通り体が浮く！ 濃厚な強塩泉には驚き！

自噴 / 自家源泉 / 濁り湯 / 濃厚 / 熱(あつ)湯 / 日帰り

鹿児島県 霧島市

浜之市ふれあいセンター 富の湯

繁華な霧島市隼人町にある「浜之市ふれあいセンター 富の湯」は公共の日帰り温泉。純和風の瓦屋根の同センターは東九州自動車道隼人東ICから1分とアクセスが良く、朝採れ野菜や特産品も販売しています。富の湯の浴舎はその横に建ち、手入れが行き届き、清潔で明るい雰囲気。9時から夜10時まで営業しており、大人370円とリーズナブル。一番風呂目当てや毎日来る人など、年間4万人近い入浴客がある人気の湯です。

浴室にはやや熱め(45℃)とややぬるめ(42℃)のセパレートタイプの浴槽と遠赤外線サウナ、水風呂。源泉かけ流しで湯船からお湯があふれ、浴槽や床は温泉成分で完全に濃い茶色に変色しています。自家源泉の自噴泉は53℃で、ナトリウムイオン6700㎎、塩化物イオン1万2900㎎、溶存物質総量2万3290㎎の高濃度を誇るナトリウム-塩化物強塩泉。熱交換器で温度を下げ、ぬるめの湯のみごく少量加水しています。湯口からドバドバと注がれ、波にあおられた海水のように白く泡立っていて、なめると強烈に塩辛く苦いです。お湯は薄い鶯《うぐいす》色で茶色の湯の華が浮き、タオルに色がつくくらい塩分が濃い湯。温泉の分類の一つに浸透圧があり、低張性、等張性、高張性に分けられます。人間の体内の細胞液と等しい浸透圧を等張性といい、8・8gの食塩を1ℓの水に溶か

Kyoko's eye

- ★海水のような高張性のお湯で成分をガツンと吸収
- ★湯上がりはポカポカ&お肌しっとり
- ★飲水場の霧島の水が美味
- ★「きりしまゆ旅」スタンプラリーにチャレンジ!

温泉の感覚データ

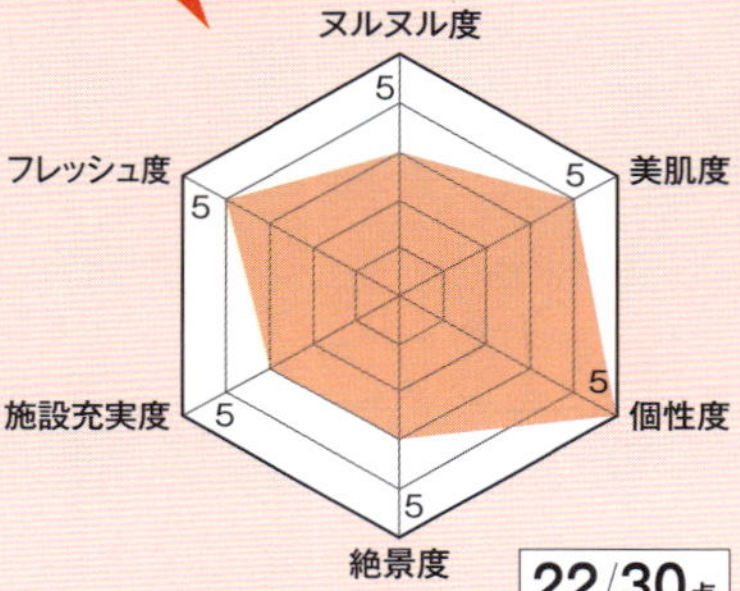

22/30点

泉質：ナトリウム-塩化物強塩泉
（高張性-中性-高温泉）
泉温：53.2℃
湧出量：138ℓ/分
pH：7.0
溶存物質総量：2万3290mg/kg
色・香り・味：鶯色、金気臭《かなけしゅう》・薬臭、強塩味・強苦味・鉄味
形態：掘削自噴（深度658m）

源泉かけ流し（加水）、自家源泉、遠赤外線サウナ、アメニティ（ドライヤー）

DATA 日帰り入浴のみ

☎0995-42-7072
住　　所：鹿児島県霧島市隼人町真孝390
営業時間：9:00～22:00
定 休 日：月曜（祝日の場合は営業、翌平日休）、12/31・1/1
料　　金：大人370円、小人150円
風　　呂：内湯男女各2
駐 車 場：11台

霧島市が運営する“ふれあいセンター”と「富の湯」

無料の足湯も気持ちいいですよ。

「きりしまゆ旅」スタンプラリーも開催。

した食塩水に相当。それよりも低い低張性は水分を吸収し、長時間入浴すると手足の指先がシワシワになります。温泉の大半は低張性ですが、ここの湯は高張性なので、ごく少量の水分が出ていき、逆に成分が体に浸透。温泉成分が体内に吸収されやすいのです。ただし刺激が強いので湯あたりには注意を。強塩泉はよく温まり、湯冷めしにくく、湯上がりはポカポカで汗が止まりません。肌はべたべた感があるほどしっとりします。浴室内には飲水場があり、霧島の美味しい水が飲み放題なのも嬉しい。ここでスタンプ帳を購入し「きりしまゆ旅」スタンプラリーにチャレンジしてみては?

大自然のエネルギーをダイレクトに感じる
西郷隆盛も愛した秘湯

希少泉質の「竹の湯」では季節によって変化する湯も愉しみたい。

自然湧出
自噴
自家源泉
濁り湯
濃厚
日帰り
宿泊

鹿児島県 湧水町《ゆうすいちょう》

栗野岳温泉 南洲《なんしゅう》館

霧島錦江湾《きんこうわん》国立公園にある栗野岳温泉は江戸時代には薩摩明礬《みょうばん》を採掘し、明治時代から湯治場として利用され、西郷隆盛も滞在した地。「南洲館」は秘湯の一軒宿で、裏手には九州一の噴気孔・八幡大地獄（約1・5ha）があります。10分ほど登っていくとボコボコと至る所から泥と噴気が。さらに進むと轟々《ごうごう》と噴気が上がり、水蒸気などが立ち込めます。思わず立ちすくんでしまうほどの恐ろしさ。大迫力の自然のエネルギーを間近に感じることが出来ます。

「竹の湯」はこの大地獄の源泉から湯口までのパイプの長さや山水によって温度調節。泉温90℃、通常pH2・2ですが、1・8の強酸性になることも。底には鉱泥が沈澱していて混ぜると灰色に濁り、泥パックも出来ますが、皮膚の弱い方は要注意。2~3月頃にどろどろした鉱泥が一番多くたまり、夏は透明に近くなります。泉質は大変珍しい酸性・含鉄（Ⅱ・Ⅲ）-アンモニア-硫酸塩泉で、手先から電気が走ったようにビリビリとし、皮膚にはピリピリとした刺激があります。少しまろやかさを感じるものの、キュキュとした浴感。なめてみると、この世の物とは思えない強烈な味。レモンのような強い酸味、口の中を引っ張られるような強い収《しゅう》

Kyoko's eye

- ★珍しい泉質で自然湧出の「竹の湯」をしっかりと五感で味わおう
- ★1.5haを誇る八幡大地獄は必見
- ★蒸気で作る名物「蒸し鶏」の事前予約を忘れずに!
- ★泉質の違う「桜湯」、天然の「蒸し湯」にもチャレンジ

温泉の感覚データ〔竹の湯〕

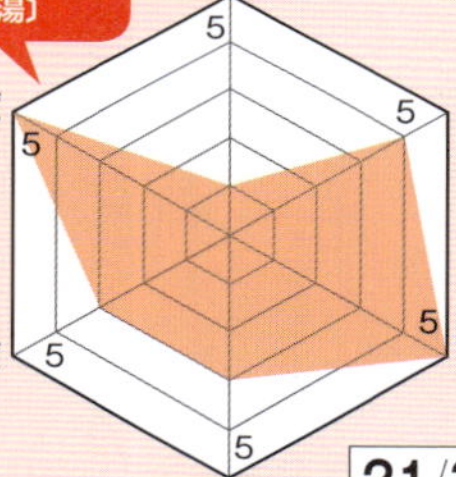

21/30点

泉質：①〔竹の湯〕酸性・含鉄(Ⅱ・Ⅲ)-アンモニア-硫酸塩泉(低張性-酸性-高温泉)
②〔桜湯〕酸性-単純硫黄泉〈硫化水素型〉(低張性-酸性-高温泉)
泉温：①90.0℃、②61.2℃
湧出量：①50ℓ/分、②20ℓ/分
pH：①2.2、②2.8
溶存物質総量：①2296mg/kg、②284mg/kg
色・香り・味：①灰色濁色、硫化水素臭、強酸味・収斂味・微苦味・少鉄味
②白濁、硫化水素臭、酸味
湧出形態：共に自然湧出

源泉かけ流し(加水)、自家源泉、アメニティ(石けん)

DATA 宿泊・立ち寄り入浴可

☎0995-74-3511

住　所：鹿児島県姶良郡湧水町木場6357
営業時間：立ち寄り入浴8:30～21:00
定 休 日：不定休
客 室 数：和室7室
料　金：1泊2食付き1万880円～、1泊朝食付き7430円、入湯料大人300円(2カ所550円、3カ所700円)
チェックイン：15:00　チェックアウト：10:00
風　呂：内湯男女各3(宿泊者専用の内湯を含む)
駐 車 場：30台

二つの源泉を混合した「桜湯」

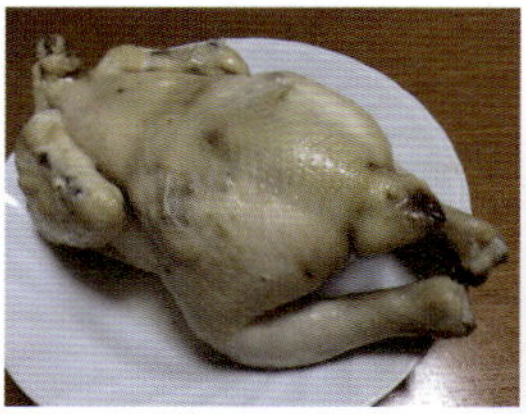
天然の噴気を利用した蒸し鶏にはポン酢やマヨ醤油がおすすめ。

噴気が立ち上る南洲館の周辺。

斂《れん》味《み》、苦味、鉄味など複雑な味です。天然の保湿成分・メタケイ酸も379・9㎎含まれており、湯上がりは肌が柔らかく、しっとりサラサラに。温かさも保たれます。湯のパワー・刺激が強いので、長湯は控えたほうがよいでしょう。もう一つの「桜湯」も自噴泉で、2本の源泉を混合したpH2・8の単純硫黄泉。極小のパウダー状の湯の華が舞う穏やかな湯です。天然の蒸気を利用した蒸し湯もあります。丸ごと一羽を温泉の噴気で2時間蒸して作る名物・蒸し鶏（要予約）はとても美味。天然の味付けで臭みや脂っこさがなく、しっとりしていて箸でほぐれる柔らかさ。大自然の恵みとエネルギーをダイレクトに感じられる秘湯中の秘湯です。

空と海と湯がつながる絶景！
インフィニティ《無限》温泉

開放感抜群! 海に吸い込まれそうな「天空露天風呂」の女湯。

絶景
自家源泉
濁り湯
濃厚
露天風呂
貸切風呂
日帰り
宿泊

鹿児島県　指宿《いぶすき》温泉(指宿市)

花の温泉ホテル 吟松《ぎんしょう》

指宿名物・砂むし温泉「砂楽《さらく》」の近くにある純和風旅館で、館内は白薩摩焼を８００枚使った大壁画や大島紬《おおしまつむぎ》の額などで彩られています。ぜひ入りたいのが９階の天空野天風呂。浴室に入ると、真っ青な空とマリンブルーの海、そしてお湯が満たされた開放的な浴槽。思わず「わぁ～! きれい!」と誰もが感激するでしょう。湯船に浸かるとお湯があふれ出し、浴槽の縁がなくなったかのよう。湯面には空が映し出され、広大な錦江湾《きんこうわん》と大隅半島の山々、そして波と鳥と船……。浴槽からの目線がちょうど水平線と重なり、どこまでが空か海か、湯面なのか……一瞬わからなくなります。まさに果てしなく広がるインフィニティ温泉。夜は星空を独占、宿泊すれば美しい朝日も眺められます。砂むし会館の源泉から３００ｍ引湯(配湯時間外は自家源泉を利用)。高温なので加水により温度調節してかけ流していますが、湯のエネルギーはしっかり。浴槽や湯口は変色し、存在感のある析出物も。湯の色は笹濁りで、鉄分を含んだ茶色の湯の華が舞っており、なめると強い塩分と苦味が。溶存物質総量１万３５６０㎎の高張性のナトリウム-塩化物泉で、湯はとろみがあり、しっとりとした肌触りです。高濃度の塩分と硫酸で湯上がりは保湿をしたようなペタペタ感があり、ポカポカ温まります。2階大浴場の内湯と松林・海・浜辺が見える露天風呂も立ち寄りできます。ただ基本的に宿泊者優先のため、利用時間は18〜20時で繁忙期には入れないこともあるので事前確認を。ゆっくり温泉を楽しみたいなら宿泊をおすすめします。

食事処が空いていれば要予約で夕食も。情緒たっぷりの内装で温泉卓もあり、お湯で温めた日本酒や温泉卵も楽しめます。車で10分ほどの所にある吟松別邸「悠離庵《ゆりあん》」は全室離れで、自家源泉かけ流しが堪能できるプライベート空間だけでなく、24時間365日入れる温泉水プールもある自然に囲まれた山の中の宿。好みに合わせて海か山かで選ぶのもよいかも。

オーシャンビューの露天風呂付き客室もあります。

「悠離庵」のヴィラタイプ。宿泊すると「吟松」無料入浴可。

新鮮な海の幸や黒豚料理などが食べられる「砂むし会席」

Kyoko's eye

★日中にインフィニティ温泉を堪能するには宿泊を
★ストレスの多い方は緊張を和らげ、心を落ち着かせてくれる海の温泉へ
★明日への活力がほしいなら山の温泉「悠離庵」へ
★指宿名物「砂むし」にもぜひトライしてみて!

温泉の感覚データ

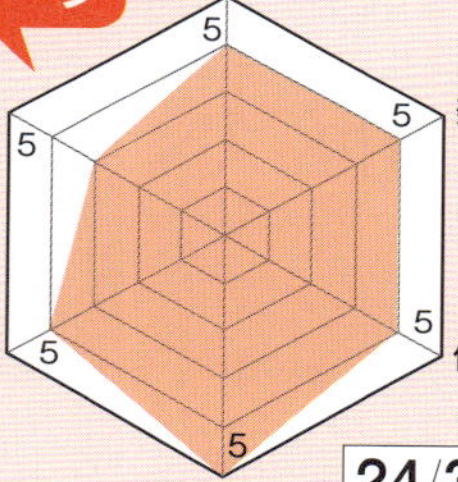

24/30点

泉質：①〔砂蒸し会館〕ナトリウム-塩化物泉（高張性-中性-高温泉）
②〔自家源泉〕ナトリウム-塩化物泉（高張性-中性-高温泉）
泉温：①84.7℃、②72.9℃
湧出量：共に不明　**pH**：①6.8、②6.4
溶存物質総量：①1万3560mg/kg、②1万1240mg/kg
色・香り・味：共に笹濁り、無臭、強塩味・苦味
湧出形態：共に動力揚湯（深度10m）

源泉かけ流し（加水）、①引き湯・②自家源泉、サウナ、アメニティ（シャンプー、リンス、ボディソープ、ドライヤー）

DATA　宿泊・立ち寄り入浴可

☎0993-22-3231

住　所：鹿児島県指宿市湯の浜5-26-29（天然砂むし温泉隣）
営業時間：立ち寄り入浴18:00〜20:00（繁忙期は不可のことも）
定休日：不定休（GW・年末年始休）
客室数：和室57室、和洋室13室
料　金：平日1泊2食付き1万8360円〜、入浴料大人1080円・小人540円
チェックイン：15:00　チェックアウト：10:30
風　呂：内湯男女各1、露天風呂男女各2、家族風呂2
食　事：会席料理5400円〜（18:00〜19:00、前日までに要予約）
駐車場：50台

これぞ! 九州を代表する
人気のパノラマ絶景温泉と天然砂むし

絶景の「たまて箱温泉」和風露天風呂。ただただ見とれるばかりです。

絶景　自噴　自家源泉　濃厚　露天風呂　日帰り

鹿児島県 指宿《いぶすき》温泉郷(指宿市)

ヘルシーランド たまて箱温泉・山川《やまがわ》砂むし温泉 砂《さ》湯《ゆ》里《り》

指宿温泉の南西、旧山川町にある総合健康施設「ヘルシーランド」には「たまて箱温泉」という超絶景露天風呂があり、人気ウェブサイトの「行ってよかった日帰り温泉&スパ2016」で1位に選ばれるなど5年連続上位にランクイン。和風露天の扉を開けると、目の前には真っ青な海と空、きれいな三角形をした開聞岳《かいもんだけ》。あまりにも開放的でヤッホーと叫びたくなるほど。20m×10mくらいの大きな露天風呂は思わず泳いでしまいたくなる、目線が水平線と一体化するインフィニティ(無限)温泉です。洋風露天からはスヌーピーが寝ているように見える竹山と海が眼前に。和風・洋風の二つの露天風呂は偶数・奇数日で男女が入れ替わります。

開聞岳と湯煙、海と山のロケーション、通り過ぎていく船、気持ちよさそうに飛ぶ鳥たち、心地よい潮風にあたりながら眺める海の夕日……上がろうと思っても振り返ると引き戻されてなかなか上がれません。好みのポジションを見つけて、のんびりとうつぶせで入るのが私流。サラサラで肌なじみが良く、柔らかくとろみのある浴感。強塩泉で塩分濃度が高く、塩が肌表面で水分の発散を防ぎ、湯上がりはペタペタ感があり肌はしっとり。高張性でよく温まり、ずっとポカポカし

Kyoko's eye

- ★開聞岳を望めるパノラマオーシャンビューの絶景露天風呂
- ★浜辺の天然砂むしで心も体もデトックス
- ★全国でも珍しい温泉熱を利用した塩田跡を見学
- ★温泉入浴→砂むし→温泉入浴のサンドイッチ入浴法で美肌と健康を手に入れる

温泉の感覚データ
（たまて箱温泉）

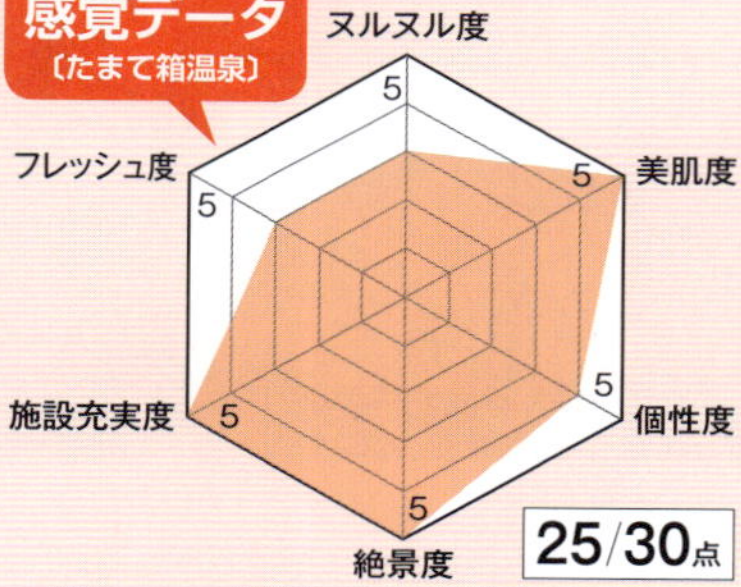

25/30点

泉質：ナトリウム-塩化物強塩泉（高張性-中性-高温泉）
泉温：100℃　**湧出量**：200ℓ/分
pH：7.4　**溶存物質総量**：2万8480mg/kg
色・香り・味：無色透明、薬臭・磯の香り、塩味・ダシ味・微苦味
湧出形態：掘削自噴（深度300m）

源泉かけ流し（加水）・一部循環方式、自家源泉、アメニティ（シャンプー、リンス、石けん、ボディソープ、ドライヤー）

DATA　日帰り入浴のみ

〔ヘルシーランド露天風呂「たまて箱温泉」〕
☎0993-35-3577
住　　所：鹿児島県指宿市山川福元3292
営業時間：9:30～19:30（19:00受付終了）
定 休 日：木曜（祝日の場合は翌日）
料　　金：大人510円、3歳～小学生260円（砂むし温泉とのセット料金　大人1130円・小学生以下620円）
風　　呂：露天風呂男女各1
食　　事：ヘルシーランド・温泉保養館のレストラン「地熱の里」に日替わりランチ他あり
駐 車 場：50台

〔山川砂むし温泉「砂湯里」〕
☎0993-35-2669
住　　所：鹿児島県指宿市山川福元3339-3
営業時間：9:00～17:30、7・8月～19:00、9月～18:00（最終受付は閉館の30分前）
定 休 日：無休（天候による休業あり）
料　　金：大人820円、3歳～小学生460円
風　　呂：砂むし風呂
駐 車 場：50台

山と海に囲まれた洋風露天風呂。

温泉熱を利用した塩田跡からは今も噴気が立ち上る。

天然砂むし「砂湯里」もまた絶景。

ます。源泉は塩田跡付近の掘削自噴の湯。加水し温度調整後に両露天風呂にかけ流しています（かけ流し・循環併用）。

山川砂むし温泉「砂湯里」のあたりは、波打ち際から激しく噴気が上がる日本でも稀《まれ》な海岸。砂むし場が四つあり、外海に近く波しぶきが顔にかかることも。潮風と波の音を感じながら天然のままの砂むしを堪能できます。温泉の温熱効果と砂の重みで、通常の入浴よりも血行が促進されて体の芯から温まり、発汗・デトックス効果により健康と美容にも有用。保温・保湿効果の高い湯の後に砂むしに入ることで、さらに温まり肌はしっとり。たまて箱温泉と砂むし温泉併設の内湯、ヘルシーランド内の温泉保養館はそれぞれ源泉・泉質が異なり、たまて箱→砂むし→内湯の順番がベスト。

拝殿の下から湧出している
心も体もデトックスできる「神の湯」

2種類の自然湧出泉を味わえる男女別内湯。楕円形・タイル張りなどレトロな空間です。

自然湧出
自噴
源泉100%
自家源泉
ぬる湯
熱(あつ)湯
露天風呂
日帰り
宿泊
得
P156

鹿児島県 紫尾《しび》温泉（さつま町）

旅籠《はたご》 しび荘

北薩《ほくさつ》の紫尾山の麓、豊かな自然に囲まれた小さな湯の里・紫尾温泉。上之湯と下之湯があり、上之湯はなんと紫尾神社の拝殿の下からこんこんと湧き出し、「神の湯」として親しまれてきました。当地で最も古いアットホームな旅館「しび荘」のレトロで風情ある男女別の内湯には上之湯が引かれ、無色透明な42℃ほどの熱めの湯がかけ流されています。湯面には白や黒の湯の華が舞い、湯の鮮度の良さを納得。全身を包むとろみのある湯は、皮膚がこのまま溶けてなくなってしまうのではないかと思うほどのヌルヌル感。ヒタヒタの美容液パックをまとっているような幸福感と贅沢感を味わえます。ツルツルのタイルと相まってウナギのようなヌルヌルの肌触りがたまらなく、ずーっと入っていたい！ 下之湯は露天風呂の下から自然湧出する独自源泉で、内湯のもう一つの浴槽に注がれています。アクセスが良くなくても、ここに入るためだけに足を運んでしまう極上湯。38℃ほどとぬるめなので、上之湯で火照った体を冷ますのに最適。温冷交互浴で血行が促進され疲労回復や美肌効果も。2種類の自然湧出泉に交互に入れるのは大変貴重なので、それぞれの湯の個性を味わいながら入浴を。硫黄泉&アルカリ性の湯は、角質や皮脂を乳化して洗い流してくれる最強の美肌の湯。湯上がりはポカポカで、思わずにやけてしまうほど肌はつるんつるんに。浴室内は湯気と硫化水素臭が充満し、窓

Kyoko's eye

★個性の違う2種類の自然湧出泉に入り比べてみて
★由緒正しい紫尾神社に参拝し、地区の共同浴場「神の湯」でぜひ飲泉を
★初夏には露天風呂でホタル見風呂を堪能
★おしゃれでモダンな温泉付き離れの姉妹宿「四季の杜 紫尾庵」もおすすめ

温泉の感覚データ
〔上之湯〕

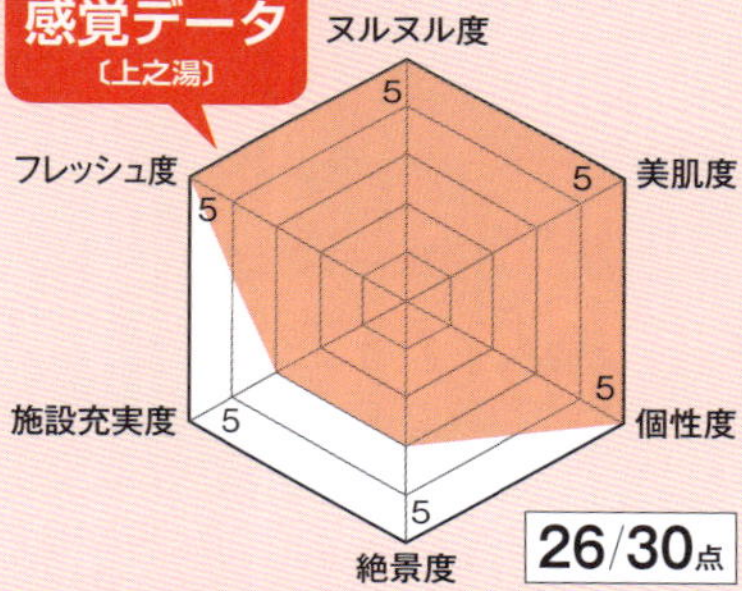

泉質：①〔上之湯〕アルカリ性単純硫黄泉（低張性-アルカリ性-高温泉）
②〔下之湯〕アルカリ性単純硫黄泉（低張性-アルカリ性-高温泉）
泉温：①50.3℃、②44.0℃
湧出量：①200ℓ/分、②80ℓ/分
pH：①9.4、②9.2
溶存物質総量：①370.3mg/kg、②323.3mg/kg
色・香り・味：①無色透明、硫化水素臭、たまご味・甘味
②黄緑色透明、硫化水素臭、たまご味・微苦味
湧出形態：自然湧出

源泉かけ流し100%（②冬季のみ加温）、①引き湯・②自家源泉、アメニティ（シャンプー、リンス、ボディソープ、ドライヤー）

DATA 宿泊・立ち寄り入浴可

☎0996-59-8001
住　所：鹿児島県薩摩郡さつま町紫尾2168
営業時間：立ち寄り入浴8:00～21:00
定休日：不定休
客室数：和室6室、和洋室2室
料　金：1泊2食付き9000円～、入浴料大人300円・小学生以下100円
チェックイン：15:00　チェックアウト：10:00
風　呂：内湯男女各1、露天風呂1
駐車場：10台

紫尾神社拝殿。足湯や飲泉場もある隣の共同浴場「神の湯」にもぜひ立ち寄りたい。

プライベート感覚で過ごしたいなら、モダンな温泉付き離れの「紫尾庵」に。

山の恵みをいただける自慢の田舎料理。紫尾温泉には「あおし柿」という名物も。

から差し込む陽光が湯気と混ざって後光のように神々しく浴槽を照らし、まさに神の湯。地球の恵みである温泉への敬意と感謝の念が湧いてきます。夜星川沿いの露天風呂は二つの湯を混合し温度調整をしており、まさに満天の星空の下、湯あみができます。初夏にはホタルが舞い、ホタル見風呂といった楽しみも。川内《せんだい》川《がわ》にはホタル舟が浮かび幻想的です。

プライベート空間重視派には対岸にある姉妹宿の「四季の杜《もり》 紫尾庵」がおすすめ。おしゃれでモダンな源泉かけ流し100%の温泉付き離れで、ゆったりとした時を過ごせます。

足元から湧き出す 心も体も洗われる神秘の泉

美しいエメラルドグリーンの「下の湯」に感激!

自然湧出 自噴 源泉100% 自家源泉 ぬる湯 日帰り 宿泊

鹿児島県 出水《いずみ》市

湯川内《ゆがわち》温泉 かじか荘

江戸中期に発見され、明治維新まで島津家御用達の温泉として利用された湯川内温泉。鹿児島県の北西部、名峰・紫尾山《しびさん》の中腹に湧き、眼下に出水平野、その先に天草の島影が望めます。「かじか荘」は出水駅から車で15分ほど、ひたすら細い山道を上っていくと現れるひっそりと佇む一軒宿です。周りにあるのは自然だけ。そんな山奥の秘湯に数多くの湯治客や温泉ファンが足を運びます。澄みきった空気に包まれて、春から夏にかけては河鹿《かじか》の鳴き声が響きます。

「上の湯」と「下の湯」はどちらも希少な足元湧出泉、湯量豊富で浴槽からあふれ出ています。上の湯は無色透明、下の湯はエメラルドグリーンで宝石のように美しく、無造作に置かれた岩や砂の間からプクプクとビー玉のように湧き出すさまは神秘的。あまりにも透明度が高く、まるで湧水地のよう。ほんのり甘い硫化水素臭と38℃ほどのぬるぬるとしたpH9・6のアルカリ性のぬる湯に包まれ、まるで天国にいる気分です。シルクのように柔らかい肌触りで、湯の中で手を広げても水の抵抗をあまり感じません。心も体も空っぽになって無重力のように力が抜け、体が透けて透明人間になってしまうのではないかという錯覚さえ起こります。湧出したばかりのピュアな湯の細かい気泡が全身を包み、鮮度の良さを

本館・別館の他に湯治棟も。

シンプルな「上の湯」の浴槽。

緑に包まれ、ゆっくりくつろげる客室。

体感。このピュアな湯はパワーを秘めており、ジーンとしみ入る感じで徐々に足首や肘などの関節がジンジンしてきます。ついつい長湯をしてしまいますが、湯上がりは苦にならない適度な疲労感と爽快感があり、湯力を感じます。良い湯に出会った時は、いつも決まってこの感覚になるから不思議です。殿方のお風呂のほうがプクプクとたくさん湧き出していてうらやましい!

この源泉を練り込んだ「湯川内温泉石鹸」(500円)は私のお気に入りで、蜂蜜、塩、ハーブオイルなどの天然素材も使って手作りされています。泡立ちは良くないけど、自然な香りでしっとりとして突っ張らず、つるつるに。石けんだけ買いに来る人もいるくらい人気です。

Kyoko's eye

★フレッシュでピュア! 希少な足元湧出泉

★個性の違う上の湯と下の湯、どちらがお好み?

★ぬる湯は副交感神経を刺激しリラックス効果大

★私おすすめ「湯川内温泉石鹸」をぜひ試してみて!

温泉の感覚データ

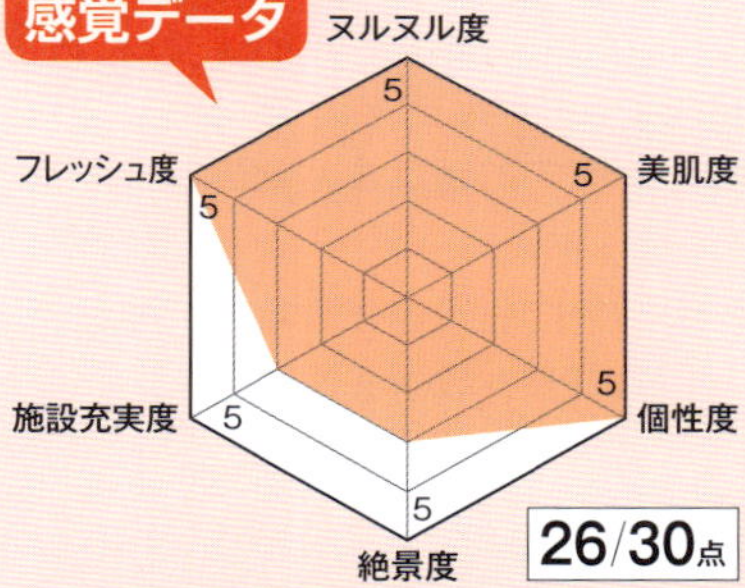

26/30点

泉質:共にアルカリ性単純温泉(低張性-アルカリ性-温泉)

泉温:①〔上の湯〕38.4℃、②〔下の湯〕38.2℃

湧出量:①93ℓ/分、②94ℓ/分

pH:①9.6、②9.5

溶存物質総量:①170mg/kg、②163mg/kg

色・香り・味:共に無色透明、硫化水素臭、甘味・たまご味・微苦味

形態:共に自然湧出(足元湧出)

源泉かけ流し100%、自家源泉

DATA

宿泊・立ち寄り入浴可

☎0996-62-1535

住　所:鹿児島県出水市武本2060

営業時間:立ち寄り入浴7:00〜21:00

定休日:無休

客室数:旅館6室、湯治15室

料　金:1泊2食付き7870円〜8700円、湯治1泊素泊まり2700円〜(5泊以上は1日当たり1950円)、立ち寄り入浴大人300円・小学生以下100円(別料金・要予約で貸切内湯も可)、個室休憩は別料金

チェックイン:15:00　チェックアウト:10:00

風　呂:内湯男女各2

食　事:前日までに予約しておくと定食も可

駐車場:25台

北出♨コラム②

怒濤《どとう》の温泉道をまっしぐら！

私の温泉道の始まりは“九州温泉道”です。九州温泉道で実際に温泉に入ってみると、湯の個性の違いを実感し、入れば入るほど楽しくなりました。そうして仕事の合間をぬって車で温泉地を巡り、九州各地の温泉に通い続けるようになりました。これは今もですが、温泉地に行く時はいつも一人。私の場合は一日に10カ所以上も温泉に入ることもあるため、他の方がまずついて来られないからです（笑）。温泉の入浴は体に良い効果がある一方で負担もかかるので、一般的には温泉入浴は一日2～3回までが目安です。しかし、私はどういう訳かいくら温泉に入っても体に負担を感じにくく、湯あたりも湯ただれも起こしたことがありません。ちなみに宿泊をすれば合計5時間は温泉の中にいます。資格試験の勉強や原稿の暗記も、温泉に浸かりながらしていましたね（笑）。自己責任ではありますが、皆さまはまず真似をされないほうがよいと思います。

こうして、温泉に愛された体（？）を武器に1年半で88カ所を回り、九州温泉道の泉人《せんにん》になりました。その後も怒涛の勢いで各地の温泉に入りましたが、入れば入るほど、入るたびに違う個性を見せる温泉に私の好奇心はますます強まり、「～にお湯がある」と聞けば、実際に入りに行きました。普通の温泉施設だけではなく、ジモ泉（地元の方の共同浴場）、ジカ泉（個人のお宅で使用している温泉）、そして野湯《のゆ》（温泉施設の無い自然に湧き出している温泉）です。野湯に入るのはちょっとした冒険で、いろいろ怖い思いもしましたが、そのお話はまた後のコラムで……。

海外の温泉にも行きました。アイスランドのブルーラグーン、台湾の北投（ペイトー）、タイのクロントムなどなど……。それらもロケではなく、全て自費で行っています。なぜそこまでして温泉に入りに行くのか？　それは、温泉が好きだからとしか言えませんね。ただ、そのおかげ（？）で貯金があまり無いのが少し悩みです。

そんな感じで、今も年に300回以上は温泉に入っています。入れば入るほど楽しくなって、温泉への情熱は尽きません。

ブルーラグーン温泉（アイスランド）にて。飽くなき温泉への探求心は、ついに海外にまで足を運ばせました。

熊本県

旅館 たから湯（人吉市 人吉温泉）

華まき温泉（人吉市）

幸ヶ丘（八代市 日奈久温泉）

豊礼の湯（小国町 岳の湯温泉）

旅館 白水荘（小国町 杖立温泉）

山しのぶ（南小国町 小田温泉）

旅館 山河（南小国町 黒川温泉）

旅館 藤もと（南小国町 奥満願寺温泉）

蘇山郷（阿蘇市 阿蘇内牧温泉）

地獄温泉 清風荘（南阿蘇村）

やまと旅館（山鹿市 平山温泉）

大洞窟の宿 湯楽亭（上天草市）

ハイクオリティな空間とシャンパンを思わせる上質な湯

脱衣所から見た檜の浴室は開放的でノスタルジック。ちなみにシャワーも温泉です。

源泉100%
自家源泉
熱(あつ)湯
貸切風呂
日帰り
宿泊

熊本県 人吉温泉(人吉市)

旅館 たから湯

人吉温泉の「旅館　たから湯」は明治末期創業の老舗で、人吉温泉の中心地から車で5分ほど外れた住宅街の中にあります。建物は木造2階建てのプライベート感あふれる隠れ家的旅館で、和と洋、そしてレトロとモダンが見事に融合。内部は落ち着いた木のぬくもりを感じさせる空間が広がり、ロビーにはカッシーナやフランク・ロイド・ライト、バカラなど、ハイランク&ハイセンスな調度品が飾られています。浴室もラグジュアリーな雰囲気で大理石の湯船かと思えば、扉を開けてびっくり。レトロな木の空間が広がり、湯船に向かう階段、歴史を感じさせる立派な湯船や洗い場の床、曇り硝子《ガラス》をはめた格子デザインの壁は全て檜で造られており、ロビーとはまた違った趣向の贅沢な浴室です。壁に飾ってあるトタン板で作られた年代物の温泉分析表も良い雰囲気を醸し出しています。湯船から高い天井を見上げると、湯気を抜く湯屋建築になっており、天井の高い浴室は開放的で、のびのびとした気持ちにさせ、窓からのぞく坪庭の緑も安らぎを与えてくれます。

熱めのお湯に入ると、細かい無数の泡がふんわりと肌をベールのように包み、浴感はツルツル。源泉が浴槽のすぐそばにあることもあり、湯口付近は気泡でシュワシュワと白くなっていて、二つに仕切られている浴槽全体に気泡が舞っています。この泡付きは湯の

Kyoko's eye

★100年以上の歴史と木のぬくもりを感じる空間
★泡付きのあるシャンパンのような上品な湯
★美肌度の高い泉質とツルツルとした浴感
★食事も美味しい「Kura-倉cafe」にもぜひ立ち寄ってみて

温泉の感覚データ

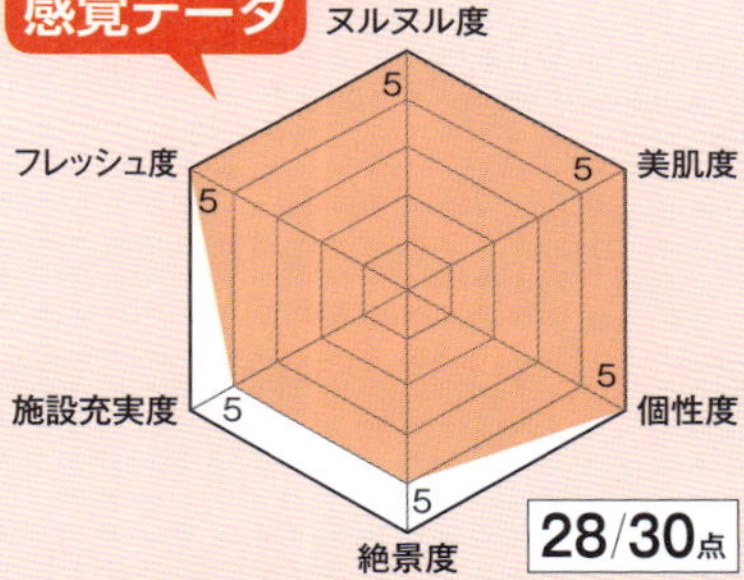

泉質：ナトリウム-炭酸水素塩・塩化物泉（弱アルカリ性-低張性-高温泉）
泉温：46.0℃
湧出量：161ℓ/分
pH：7.81
溶存物質総量：1175mg/kg
色・香り・味：微黄色透明、モール臭・金気臭《かなけしゅう》、強甘味・鉄味・微塩味
湧出形態：動力揚湯（深度300m）

源泉かけ流し100%、自家源泉、アメニティ（シャンプー、リンス、石けん、ボディソープ、ドライヤー）

DATA

宿泊・日帰り入浴可

☎0966-23-4951

住　　所：熊本県人吉市温泉町2482
営業時間：10:00～20:00
定 休 日：無休
客 室 数：和室2室、和洋室3室
料　　金：1泊2食付き2万3910円～（2名利用）、日帰り入浴500円（日帰り入浴は大人のみ、10歳未満は利用不可）
チェックイン：15:00　チェックアウト：10:00
風　　呂：内湯男女各1、貸切風呂1（料金2000円）、和室の一つに内風呂あり
食　　事：予約制、または車で15分ほどの所に系列の「Kura-倉cafe」あり
駐 車 場：7台

気持ちの良いモダンな貸切風呂もあります。

風格と品のある和風の建物が出迎えてくれる。

ランチは地産池消にこだわった和洋折衷のコースメニュー。

鮮度の良さの証明です。モール泉で湯色は黄色透明。太古の植物由来の有機物が溶け込んでいるモール泉独特のほんのりとした芳香と檜の香りのマリアージュに心安らぎます。湯上がりの肌はすべすべで、爽快感があり、ポカポカ感が持続します。

食事は要予約で月替わりのランチが。自家栽培、減農薬の米や野菜を使用した体にも心にも優しい料理です。また、たから湯から車で15分、球《く》磨《ま》川《がわ》や人吉市街が一望できる高台にはイングリッシュガーデンを取り入れた系列の「Kura《くら》-倉《くら》cafe」があり、優雅な時間を過ごせます。

鮮度の良い温泉の証し！
泡付きのある最強の美肌湯

窓から四季を堪能できる内湯。眺望だけでなく、菖蒲湯（しょうぶゆ）やゆず湯など、お風呂でも季節を楽しめます。

絶景
源泉100%
自家源泉
ぬる湯
貸切風呂
日帰り

熊本県 人吉市
華《はな》まき温泉

人吉駅から車で15分、のどかな田園風景の中にぽつんと建つ「華まき温泉」。この地は元々牧場で、秋になると彼岸花が咲いたことから華まきと命名。自然豊かな温泉で、春には桃や桜があたり一面に咲き誇り、初夏は新緑、秋は紅葉が見事です。内湯は窓を開ければ露天感覚。春には八重桜が湯船の目の前に咲き誇り花見風呂が楽しめます。

地元の方よりクチコミによるファンが多く、東京や東北などからもわざわざ訪れるほど。その理由はなんといっても湯の質です。敷地内から湧き出す源泉は空気に触れずにそのまま湯口へ。内湯は熱交換器によって加温されていますが、それでも湯口付近はシュワシュワと気泡の音が聞こえるほど。入浴すると何度ぬぐっても全身が無数の微細な泡のベールに包まれます。この無数の泡付きは鮮度の良い温泉の証し。泉質は美肌泉質の代表格・ナトリウム-炭酸水素塩泉。クレンジング作用があり、古い角質や余分な皮脂を浮かせて洗い流してくれます。このお湯を化粧水のように顔にたっぷり浴びてフェイシャルエステをすると、普段取りきれない化粧の詰まりまで取れて、気になる小鼻の際やあごの下もツルツルに。肌が生まれ変わったみたいになり

田園と自然の中に佇む建物。

八重桜の季節は花見風呂で極上気分に!

貸切風呂には休憩室もあるので、のんびり過ごせます。

ます。この重曹成分と炭酸イオンを含む弱アルカリ性の湯のヌルヌル感は持続性があり、体中にとろみのあるローションを贅沢に浴びているかのよう。湯上がりは清涼感があり、すっきりスベスベ肌に。

おすすめは夏限定の源泉浴。34℃の源泉にそのまま入れます。まっさらな湯はさらに炭酸感が強く、気泡が体中にビッシリ。初めはぬるく感じますが、やがてじんわり血行が良くなりポカポカに。この熱くも冷たくも感じない温度の入浴は「不感温浴」といい、体温に近いためリラクゼーション効果がとても高く、長時間の入浴も可能で、高血圧や不眠症の方に最適です。できるなら内湯と源泉浴の両方を試して、浴感や味など個性の違いを感じてほしい。ご主人にお願いして、平日で運が良ければ夏以外でも体感できるかも?

Kyoko's eye

- ★新鮮な湯の証し! 泡付きを体感
- ★美肌泉質の代表格「炭酸水素塩泉」ですっきりスベスベ肌に
- ★源泉そのまま、夏限定の源泉浴をぜひ!
- ★桜の時季には贅沢に花見風呂を堪能できる

温泉の感覚データ

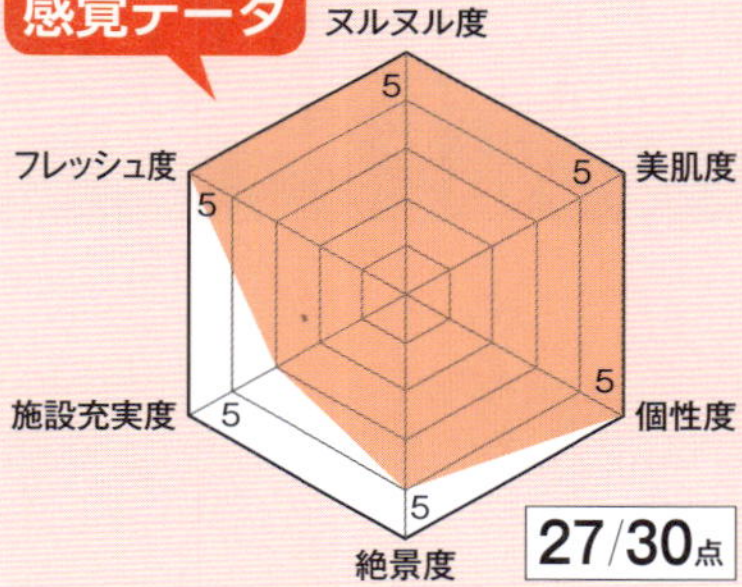

泉質：ナトリウム-炭酸水素塩泉
（低張性-弱アルカリ性-温泉）
泉温：34.1℃　湧出量：210ℓ/分
pH：8.36　溶存物質総量：1558mg/kg
色・香り・味：無色透明、金気臭《かなけしゅう》、炭酸味・薬味・鉄味
湧出形態：動力揚湯（深度419m）

源泉かけ流し100%（加温もあり）、自家源泉、打たせ湯、アメニティ（ドライヤー）

DATA

日帰り入浴のみ

☎0966-22-6981
住　所：熊本県人吉市下原田町字嵯峨里1518
営業時間：10:00～22:00
定休日：無休
料　金：大人1回400円・子供200円・幼児100円
風　呂：内湯男女各1、貸切風呂5（60分1700円）
駐車場：50台

鮮度の良いあつ湯が惜しみなく注がれるオーバーフロー温泉

御影大理石の男湯に入っちゃいました！　絶妙の味わいを満喫しました。

源泉100%
自家源泉
熱(あつ)湯
貸切風呂
日帰り

熊本県　日奈久《ひなぐ》温泉（八代《やつしろ》市）

幸《さち》ケ《が》丘《おか》

八代海に面した日奈久温泉は、１４０９年開湯と伝わる熊本県下で最も古いいで湯。開湯にまつわるお告げ石が山側の高台にある眺めの良い温泉神社に祀られています。特に明治時代から昭和かけて栄え、温泉街は往時のまま時間が止まったかのような鄙《ひな》びた風情で、まるで映画のセットのよう。

幸ケ丘は１９５８年に旅館としてスタート、現在は立ち寄り湯のみの営業です。立派な玄関を入ると、圧倒されるほど幅広い石造りの階段と歴史を感じさせる木の階段がお出迎え（裏山の斜面に合わせて造ったからとか）。木造でガラスも昭和のまま、土壁やタイルの洗面所もよい味を出しています。温泉神社の参道脇が源泉地で30ｍくらいしか引いておらず、掘削深度も68ｍと浅く、生まれたての新鮮な温泉を源泉かけ流し１００％で、これでもかというくらいに贅沢《ぜいたく》に味わえます。43・９℃のお湯がたっぷりなのでかなり熱めですが、このお湯がぐぅーっと体にしみ入ってたまらない！　弱アルカリ単純温泉ですが、しっかりとした硫化水素臭が感じられ、極小の気泡が浴槽全体に舞い、鮮度の良さを伝えています。ヌルヌルつるつるとした浴感で、湯上

Kyoko's eye

- ★熊本県下で最も古い歴史をもつ温泉街を歩いてみよう
- ★硫化水素臭が漂う泡付きのあるヌルヌルつるつるの美肌湯
- ★見ごたえのある湯量で源泉かけ流し100%
- ★日奈久温泉名物「日奈久ちくわ」を食べるのを忘れずに

いにしえの面影を残す趣のある建物も魅力。

開業当時のままの古びた家族湯（貸切風呂）。

湯量豊富で滝のように注がれる女湯。

温泉の感覚データ

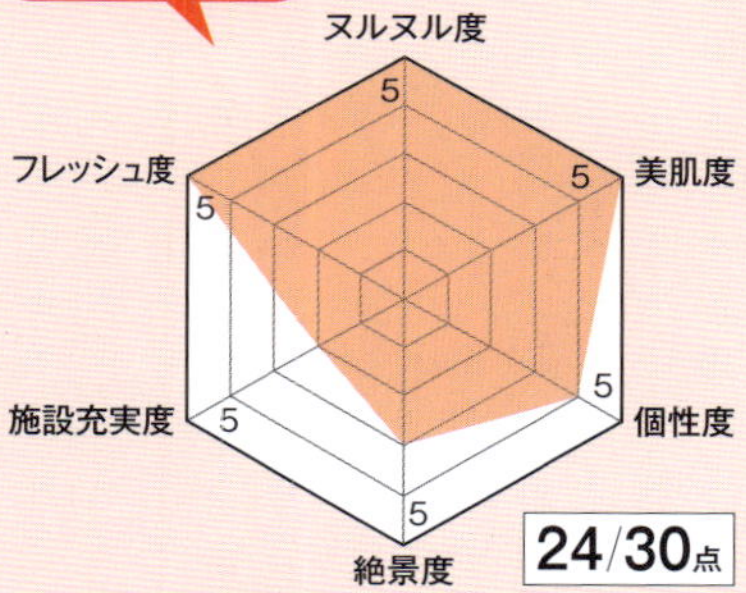

泉質：単純温泉
（低張性-弱アルカリ性-高温泉）
泉温：43.9℃
湧出量：100ℓ/分
pH：8.1
溶存物質総量：720mg/kg
色・香り・味：無色透明、硫化水素臭、甘味・少塩味・微苦味
湧出形態：動力揚湯（深度68m）

源泉かけ流し100%、自家源泉、アメニティ（シャンプー、石けん）

DATA　立ち寄り入浴のみ

☎0965-38-3016
住　　所：熊本県八代市日奈久上西町394
営業時間：立ち寄り入浴10:00〜20:30
定 休 日：火曜
客 室 数：6室（※宿泊は現在休業中）
料　　金：入浴料大人500円
風　　呂：内湯男女各1、貸切風呂（家族湯）1（500円/人）
駐 車 場：10台

がりは肌が気持ちよいほどしっとりとし、よく温まります。

男湯は昔のままの真っ白な御影大理石で、湯口は子供を乗せている鯉のぼり。「コイの口からドバドバと湯が注がれています。湯口には泉質の良い温泉の証明である析出物がたっぷりで、常に洗い場へオーバーフロー。ぬるぬるした湯と大理石の肌触りが絶妙です。女湯はタイルで小ぶりですが、その分、滝のように勢いよく注がれる湯がどんどんかけ流され、洗い場は常に湯の層が5㎜ほど満たされ、川のように流れています。年季の入った家族風呂も床や浴槽は開業当時のままです。日奈久温泉では市営浴場の東湯・西湯・ばんぺい湯の他、民間の松の湯も立ち寄れます。名物の「日奈久ちくわ」を食べるのも忘れずに！

「青湯」が魅力！絶景パワースポット温泉

大自然に抱かれて存分に青湯が楽しめます。日々の疲れが癒されリフレッシュ間違いなし！

絶景
自噴
源泉100%
自家源泉
濁り湯
露天風呂
貸切風呂
日帰り
宿泊
得 P156

熊本県 岳《たけ》の湯温泉（小国《おぐに》町）

豊礼の湯

熊本と大分の県境、小国富士とも呼ばれる湧蓋山《わいたさん》の麓にあるわいた温泉郷（熊本県）には、岳の湯、はげの湯、山川温泉など六つのいで湯があります。地熱の高さが特徴で、至る所からもうもうと湯煙が立ち上る風景が人気の奥阿蘇の秘湯です。そのなかでもおすすめなのが、標高700mに位置する岳の湯温泉「豊礼の湯」（素泊まりもでき、そちらは「豊礼の宿」）。

まだ湯めぐりを始めて間もない頃に強い衝撃を受けたのがこのお湯で、まるで絵の具の青と白を混ぜたような鮮やかなコバルトブルーの湯。さらに目の前には、赤や黄や橙《だいだい》の紅葉に染まった湧蓋山と真っ青な空。あまりの美しいコントラストに、その場に立ち尽くしたほどでした。この「青湯」といわれるシリカ（二酸化ケイ素）を含む湯は時間が経つと結晶化し、その粒子に光が当たり散乱することで青く見えるのです。天然の保湿成分とい

Kyoko's eye

★塩分の多い湯で保温・保湿効果抜群
★全国でも希少な「青湯」に入れる!
★24時間入れるコインタイマー式の家族風呂も人気
★「地獄蒸し」は天然の塩の味付けで、食材の旨味が凝縮されて美味

温泉の感覚データ

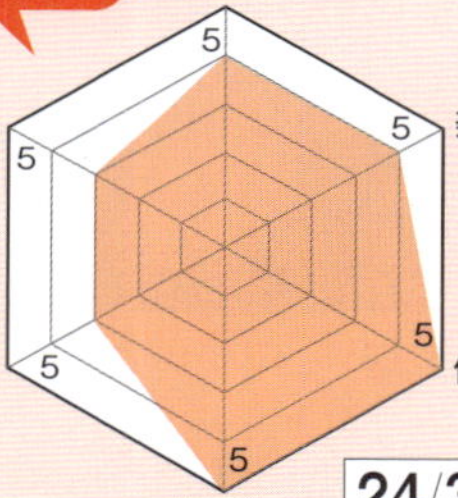

24/30点

泉質：ナトリウム-塩化物泉
（低張性-アルカリ性-高温泉）
泉温：96.5℃
湧出量：140ℓ/分
pH：8.36
溶存物質総量：2620㎎/kg
色・香り・味：青白濁色、噴気臭、塩味・甘味
湧出形態：掘削自噴（深度250m）

源泉かけ流し100%、自家源泉、アメニティ（シャンプー、リンス、石けん、ドライヤー）

DATA 日帰り入浴・宿泊

☎0967-46-5525

住　所：熊本県阿蘇郡小国町西里2917
営業時間：8:00～20:00（家族風呂・家族露天風呂は24時間）
定休日：無休
客室数：12室
料　金：日帰り入浴500円、素泊まり4000円～円（自炊可）
チェックイン：15:00　チェックアウト：11:00
風　呂：露天風呂男女各1、貸切〈家族〉風呂17（1時間800円～）
駐車場：70台

ヒノキの露天風呂からの眺望も抜群。

素泊まりもでき、和室・洋室など計12室。

私も「地獄蒸し」を体験しました。

われるメタケイ酸も基準値以上含まれており、この青湯は全国的に見ても大変希少です。また、自噴する高温の蒸気を用いた食材の「地獄蒸し」も入浴すると無料で利用でき、食品を持参しなくても受付で地の野菜やキノコ、卵や肉が購入できます。

山々の緑に抱かれ、絶品の温泉と地獄蒸しを堪能。まさに自然のエネルギーを体いっぱいに蓄えられるパワースポット温泉です。

心も体も温まる
昔ながらの湯治場
風情の残るいで湯

落ち着いた雰囲気の内湯。お湯はしっとりつるつる美肌の湯。

自然湧出
自噴
自家源泉
飲泉
日帰り
宿泊

熊本県　杖立《つえたて》温泉（小国《おぐに》町）

旅館 白水荘

“九州の奥座敷”といわれる杖立温泉は、熊本と大分の県境に位置し、筑後川《ちくごがわ》の上流である杖立川沿いに栄える歴史ある温泉地。川沿いには昔ながらの「背戸屋《せどや》」と呼ばれる路地裏が残り、独特の風情が楽しめます。古くから湯治場としての歴史をもつ他、入浴文化よりも古いとされる蒸し湯が有名。名の由来は、杖をついて来た人が温泉に入ると足が良くなり、立てかけた杖を置いて帰ったという説が有名です。

メイン通りから一本奥に入り斜面を下っていくと、斜面沿いの背戸屋に「白水荘」があります。斜面を利用した木造3階建て。宿泊は平日1泊2食で4000円（税別）〜という破格の安さで、リーズナブル、美味しい料理、お湯が良いと3拍子揃った宿です。食事は一番人気の「あか牛の蒸し煮丼」や「温泉蒸し鶏のカレー」がおすすめ。オリジナルの「あんプリン」も絶品です。食事をすると入浴が割引になる特典も。

98℃の自然湧出の自家源泉2本を所有し混合。湯気でしっとりとした薄暗い浴室には、岩を高く積み上げた迫力ある壁に地元の小国杉で造った湯船、ケロリンの黄色い洗面器が。昔の湯治場にタイムスリップしたような、なんとも懐かしい落ち着く空間です。泉質は保湿・保温効果の高いナトリウム-塩化物泉。天然の保湿成

杖立温泉の夕景。歴史ある「奥座敷」はいつも湯煙とともに。

人気の「あか牛の蒸し煮丼」。名物の蒸し湯を利用した料理が絶品。

蒸し湯はじっくり堪能できるよう、少し低めの温度設定。

分・メタケイ酸も基準値の約5倍の244・3㎎含まれ、肌触りの柔らかい浴感です。しっとりと肌なじみの良い湯は、乾燥しがちな肌に成分がすーっと浸透していくよう。湯治には最適の癖のないお湯です。もちろん杖立温泉名物の蒸し湯の部屋も。蒸し湯は床の下に温泉を流し入れ、その天然の温泉の蒸気を全身から吸収できるようになっています。通常のサウナより温度が低く湿度は高いので呼吸をしやすく、発汗を促すので新陳代謝がアップしデトックス効果も大。入浴との相乗効果で湯上がりはポッカポカ、肌も髪もしっとりツヤツヤで、翌日の化粧ののりが全然違います。杖立温泉には他にも無料の元湯をはじめ、低料金で入れる数々の共同湯や24時間入れる家族風呂があり、立ち寄りが楽しみな温泉がたくさん。

Kyoko's eye

★杖立温泉名物! 美肌美髪になれる♡蒸し湯は必ず体験を!
★平日1泊2食で4000円台!？リーズナブルな白水荘は宿泊する価値あり
★白水荘オリジナルの「あんプリン」は絶品
★湯治の雰囲気が残る共同湯めぐりにもチャレンジ

温泉の感覚データ

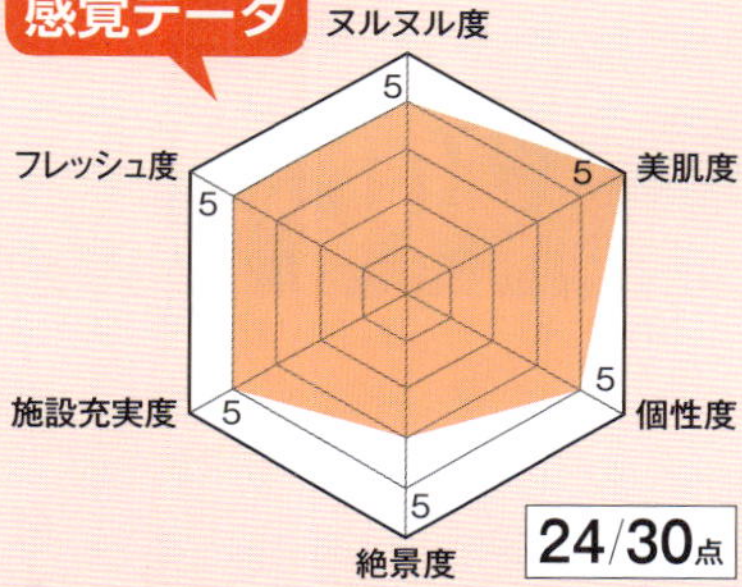

泉質：ナトリウム-塩化物泉
（低張性-アルカリ性-高温泉）
泉温：98.0℃
湧出量：測定なし　**pH**：8.70
溶存物質総量：1944mg/kg
色・香り・味：無色透明、噴気臭、甘味・塩味
湧出形態：自然湧出

源泉かけ流し（加水）、自家源泉、蒸し湯、アメニティ（シャンプー、ボディソープ）

DATA　宿泊・立ち寄り入浴可

☎0967-48-0321

住　所：熊本県阿蘇郡小国町下城杖立4217
営業時間：立ち寄り入浴13:00～20:00
定休日：不定休
客室数：14室（和室8畳）
料　金：1泊2食付き4470円～（1室4名）、立ち寄り入浴500円
チェックイン：15:00　チェックアウト：10:00
風　呂：内湯男女各1、蒸し湯
食　事：「白水食堂」にあか牛蒸し煮丼、温泉蒸し鶏のカレーなど
駐車場：10台

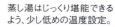

緑と田園風景に囲まれたのどかな静寂な宿

絶景
自家源泉
露天風呂
貸切風呂
日帰り
宿泊
得
P157

森の中にいるかのような心安らぐ露天風呂でのんびり。

熊本県　小田《おた》温泉（南《みなみ》小国《おぐに》町）

静寂な森の宿　山しのぶ

小田温泉は林や田畑など里山風景を残す人里離れた静かな地。「山しのぶ」とは自然を慈しみ、山を故郷として偲《しの》ぶことから名付けられたそうです。敷地に入って雑木林の緑のアーチを抜けると、木造平屋の落ち着いた古民家風の建物。田園風景と山々を見ながら過ごせる図書室（夢想館）や小川のせせらぎを聞きながらぼんやりと過ごせる中庭、温かい雰囲気の囲炉裏、満天の星空を観察できる天文館も併設しています。図書室や中庭では立ち寄りの場合でもコーヒーを飲みながらくつろげます。

内湯と露天風呂があり、内湯の「撫子《なでしこ》の湯」は阿蘇の溶岩石を使った切石造りの浴槽で、窓辺の緑を眺めながらゆったりとした時を過ごせます。女性専用の露天風呂「鶯《うぐいす》の湯」は、まさに「静寂な森の宿」の名の通り。湯船から見上げると木々に囲まれ、遠く河《か》鹿《じか》や小鳥の声が聞こえ、湯の流れる音、風のそよぐ音を間近に、森の中に迷い込んだような錯覚に陥ります。風が吹くと白い湯煙が舞台スモークのように湯面で踊り、そこへ照明のように陽光があたり、日中は神秘的、夕方は幻想的に。心身ともに安らぎ癒され、ゆったりとした時間を過ごせます。敷地内の源泉から汲み上げ、地下水で加水した源泉かけ流し。ナトリウム-炭酸水素塩・塩化物泉で、かすかに濁った優しくサラサラとした湯は、古く固くなった

Kyoko's eye

★自然に包まれた心安らぐ地で、日常から離れてのんびり過ごす
★森の中にいるような静寂の中、五感全てで湯を満喫
★系列の草太郎庵のそば会席と美肌の湯を堪能
★さらにゆっくりとした時間を過ごせる人気の宿泊がおすすめ!

温泉の感覚データ

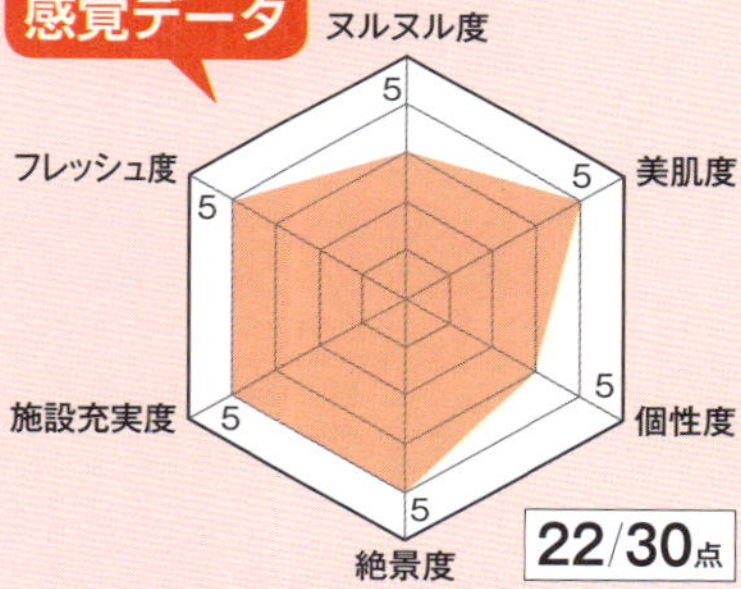

泉質：ナトリウム-炭酸水素塩・塩化物泉（低張性-中性-高温泉）
泉温：67.4℃
湧出量：122ℓ/分　pH：6.8
溶存物質総量：2170mg/kg
色・香り・味：無色透明、金《かな》気《け》臭《しゅう》、薬味・甘味・微塩味
湧出形態：動力揚湯（深度300m）

源泉かけ流し（加水）、自家源泉、アメニティ（シャンプー、リンス、石けん、ボディソープ、ドライヤー）

DATA　宿泊・立ち寄り入浴可

☎0967-44-0188
住　所：熊本県阿蘇郡南小国町満願寺5960
営業時間：立ち寄り入浴11:00～14:00の受付で1時間利用可（メンテナンス等で利用できない場合もあり）
定休日：不定休
客室数：12室（一般6室、新館〈内湯＋露天風呂付き〉4室、離れ〈内湯＋露天風呂付き〉2室）
料　金：1泊2食付き1万6350円～、土・祝前日1万8550円、立ち寄り入浴500円
チェックイン：15:00　チェックアウト：10:00
風　呂：内湯男女各1、露天風呂男女各1、貸切風呂3（宿泊者は無料）
食　事：系列の草太郎庵、禅野で
駐車場：13台

緑豊かな落ち着いたアプローチと玄関。

男女とも内湯は阿蘇の溶岩石で造られている。

味わい深くボリューム満点!
「草太郎庵」のそば会席。

角質を軟化してくれるので、湯上がりはソフトな肌触りに。メタケイ酸も基準値の5倍ほど入っていて潤い、塩分や硫酸でしっとりとしたコーティング感があります。

正面にある「草太郎庵」では、産地や製法にこだわった美味しいそば会席を。広さや造りの異なる貸切風呂が5カ所あり、しっとりと潤う美肌の湯です。さらに近くの「禅《ぜん》野《や》」では、要予約で小国産の米、地元野菜を使った田舎料理・禅野膳を食べられ、山しのぶの入浴料が割引に。

2種の泉質を活用し、つるつるスベスベ肌に！

自然に溶け込む広い女性専用露天風呂でのんびり。

絶景
自噴
源泉100%
自家源泉
濁り湯
飲泉
露天風呂
貸切風呂
日帰り
宿泊
得 P157

熊本県 黒川温泉（南小国町）

旅館 山《さん》河《が》

黒川温泉の中心部から2㎞離れた山深い場所、杉山と川に囲まれた3000坪の広大な敷地には落葉樹林が広がり、新緑や紅葉が目を楽しませてくれます。純和風の平屋造りで、露天風呂へ向かう途中には囲炉裏や薪ストーブがあり、どこか懐かしい香りが立ち込め、落ち着いた上品な雰囲気です。

近くに源泉と薬師如来のある「薬師の湯」は、単純温泉で飲泉も可。硫化水素臭（硫黄の香り）がし、鉄味と酸味とわずかに硫黄の苦味があります。木造の薬師の湯の湯船はデコボコした石造り。浴室内は鉄分で赤茶色に変色しています。薄暗く温かみのある明かりに照らされて湯気がほんのり立ち上り、お湯の注ぐ音が響き渡ります。タイムスリップしてつい昔の思い出に浸ってしまうような風情のある浴室、ジーンと体にしみ渡る湯。源泉温度が低いので温度調整のため、もう一つの源泉（データ②）を混ぜて混合泉にしています。弱酸性なので浴感はキュッキュッとした感じで、余分な皮脂が取れて湯上がりは驚くほどスベスベ肌に。

女性専用露天風呂「四季の湯」はわずかに濁り、陽光があたるとオパールのような色に。広い露天風呂の脇には小川が流れ、川のせせらぎと鳥のさえずり、風にそよぐ木の葉、湯の流れる音、山中の雑木林に佇んでいる気分になります。少しとろみのある柔らか

Kyoko's eye

★二つの異なる源泉の湯を利用し、さらに美肌に！
★薬師の湯の源泉を飲泉すべし
★弱酸性の薬師の湯→露天風呂の順番が美肌力アップの秘訣
★入湯手形を使って黒川温泉街での湯めぐりも忘れずに

温泉の感覚データ

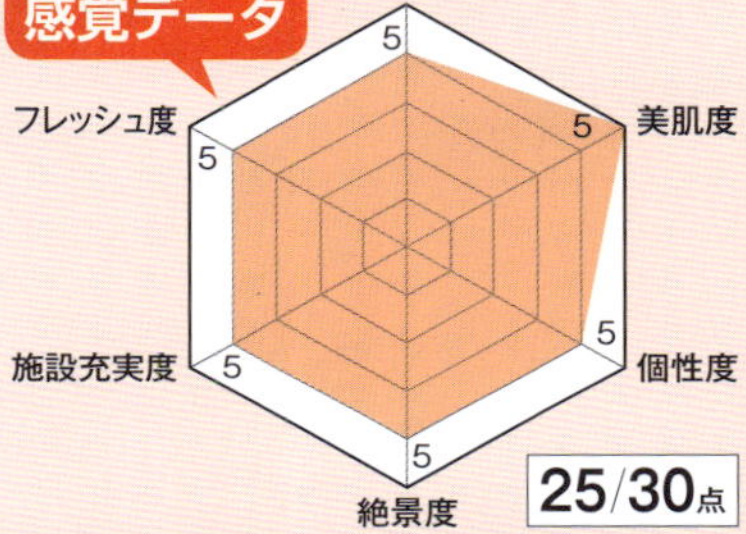

泉質：①〔薬師の湯、切石風呂〕単純温泉（低張性-弱酸性-低温泉）
②〔四季の湯、もやいの湯、檜風呂、六尺桶風呂〕ナトリウム-炭酸水素塩・硫酸塩・塩化物泉（低張性-中性-高温泉）
泉温：①29.4℃、②70.4℃
湧出量：①71.9ℓ/分、②164ℓ/分
pH：①4.0、②6.9
溶存物質総量：①330mg/kg、②1590mg/kg
色・香り・味：①無色透明、硫化水素臭・微金気臭、鉄味・酸味・微苦味。
②笹濁り、微《び》金《かな》気《け》臭《しゅう》・微炭酸臭、薬味・塩味・微鉄味
湧出形態：①掘削自噴（深度100m）、②動力揚湯（深度200m）

源泉かけ流し100%、自家源泉、アメニティ（シャンプー、リンス、ボディソープ、ドライヤー）

DATA 宿泊・日帰り温泉・立ち寄り湯

☎0967-44-0906

住　所：熊本県阿蘇郡南小国町満願寺6961-1
営業時間：日帰り入浴8:30～21:00（貸切風呂は10:00～14:00）
定休日：不定休
客室数：16室
料　金：1泊2食付き1万6350円～、日帰り入浴大人500円・小人300円
チェックイン：15:00　チェックアウト：10:00
風　呂：内湯男女各1、露天風呂混浴1・女性1、貸切風呂・内湯2露天1（宿泊者無料、立寄りは1名40分・800円）
食　事：豪華な昼食の懐石料理あり（11:00～14:30、入浴料込みで4320円もしくは5400円、客室での休憩も可）
駐車場：30台

緑に包まれた純和風のエントランス。

貸切露天の六尺桶風呂は爽快感満点！

夕食の一例。昼もほぼ同様。

い湯でつるつる感があり、湯上がりはポカポカ。広々とした混浴露天風呂「もやいの湯」には打たせ湯もあります。

２種の湯めぐりは内湯に入ってから露天風呂へ。内湯の泉質は少し硫黄を含む単純温泉。肌と同じpH弱酸性なので刺激が少なく、適度に汚れを落とし肌表面を整えます。その後、クレンジング効果と保湿効果が期待できる美肌泉質のナトリウム-炭酸水素塩・硫酸塩・塩化物泉に入ると、ダブル効果でお肌が柔らかくスベスベに。貸切風呂の切石・檜・六尺桶風呂も利用でき、前日までに予約すれば半個室で豪華な昼の懐石料理も味わえます。

自然に溶け込む渓流沿いの絶景温泉

渓流沿いの絶景「川湯」。静かな自然に包まれた温泉は、心のアカまで洗い流してくれるよう。

絶景
自家源泉
露天風呂
貸切風呂
日帰り
宿泊

熊本県 奥満願寺温泉（南小国町）

旅館 藤もと

黒川温泉から小道を車で10分ほど進んだ小田川（筑後川《ちくごがわ》源流）沿いに建つ一軒宿で、のどかな田畑が広がる里山に佇む高級旅館。緑豊かなエントランスを抜けて館内に入ると、小国杉を使った純和風木造建築の落ち着いた雰囲気。先代が元々精肉店を営んでおり、絶品の肉料理と行き届いたおもてなしが評判です。

多くのリピーターが訪れる温泉は、内湯と露天風呂を備えた大浴場と、渓流に面した「川湯」があります。檜の湯船で、湯口や湯船の縁に湯の華が付いている内湯、自然を愛でながらあつ湯とぬる湯を楽しめる露天風呂も魅力ですが、何をおいても入ってみたいのは川湯。風光明媚《めいび》な自然の中に溶け込む川湯は、まるで野湯のよう。あまりに開放的で、裸で自然の中に放り出された感覚。女性の湯船は自然のくぼみを生かし、湯に浸かると目線は川面と同じ高さで、手を伸ばせば清流に触れられるほど。そんな川湯に浸かっている間のBGMは自然の音だけ。川の水音や鳥のさえずり、木々のそよぎに耳を傾け、鳥や風に舞う葉を見ながら緑の香りと温泉の香りに包まれていると、至福の時間を過ごしていることを実感します。緑の時季もよいですが、秋はあたり一面が色とりどりの紅葉に彩られます。

浴感は癖のないサラリとした湯で、泉質は中性のナトリウム・塩

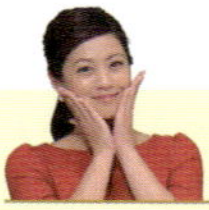

Kyoko's eye

- ★自然に溶け込む渓流沿いの絶景「川湯」
- ★立ち寄り湯は土日12時～14時半のみなので事前確認を!
- ★川のせせらぎをBGMに湯を独り占めできる貸切風呂もおすすめ
- ★料理とおもてなしも人気の宿なので、ぜひ一度宿泊を

温泉の感覚データ

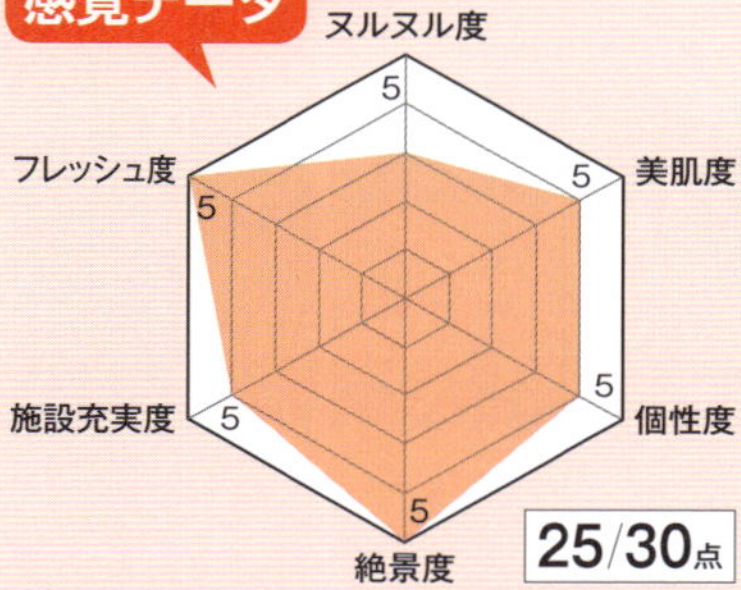

25/30点

泉質：ナトリウム-塩化物・硫酸塩・炭酸水素塩泉（低張性-中性-高温泉）
泉温：78.7℃
湧出量：70ℓ/分
pH：6.95
溶存物質総量：2279mg/kg
色・香り・味：青緑透明、薬臭・微金気臭、少塩味・微苦味
湧出形態：動力揚湯（深度150m）

源泉かけ流し（加水）、自家源泉、アメニティ（シャンプー、リンス、ボディソープ）

DATA　宿泊・立ち寄り入浴可

☎0967-44-0057
住　　所：熊本県阿蘇郡南小国町満願寺6069-1
営業時間：立ち寄り入浴12:00～14:30（土日のみ）
定 休 日：不定休
客 室 数：8室
料　　金：1泊2食付き1万9440円～、入浴料500円
チェックイン：15:00　チェックアウト：10:00
風　　呂：内湯男女各1、露天風呂男4女3、貸切風呂4（1時間2000円・宿泊者は無料）
駐 車 場：15台

緑に囲まれた入口を抜けると、くつろぎと癒しの空間。

大浴場の内湯。ここから川湯に出ることができます。

個性豊かな四つの貸切温泉も。景色とお湯を独り占め。

化物・硫酸塩・炭酸水素塩泉。湯の重曹成分が皮脂や分泌物を洗い流し、硫酸イオンが肌の潤いを保持してハリや弾力を高めてくれます。また、保温・保湿効果のある塩分や、天然の保湿成分であるメタケイ酸も289㎎含まれているため、湯上がりはしっとりとし、さらにポカポカに温まるので、女性にとって嬉しい泉質です。

お風呂は男女で趣が異なりますが、深夜に入れ替えをするため、宿泊すれば両方を堪能できます。その他、個性的な四つの貸切風呂もおすすめ。なお、川湯は天候や増水により入れないことがあるので、事前に確認を。また、立ち寄り湯の営業は土日の昼過ぎに限られていますのでご注意ください。

歌人や文豪、アスリートを虜《とりこ》にする翡翠《ひすい》色の湯

翡翠色が美しく、すがすがしくゆったりとした男女別の内湯。

源泉100%
自家源泉
濁り湯
貸切風呂
日帰り
宿泊

熊本県 阿蘇内牧《あそうちのまき》温泉（阿蘇市）

蘇山郷《そざんきょう》

阿蘇カルデラの一角、外輪山・大観峰の麓に位置する内牧温泉。一帯に降った雨が地下に浸透し、マグマの熱により温められ火山ガスに触れて温泉に。内牧温泉は環境や条件がマラソンのトレーニングなどに適していることから、トップアスリートの合宿地としても有名です。アスリートたちはここの湯で体を温めて疲労物質を流し、水風呂で足を冷やしてケアします。

「蘇山郷」は戦後の創業ですが、昭和初期に温泉のあった先代宅に与謝野鉄幹・晶子夫妻が宿泊したのがきっかけ。昔ながらの純和風旅館で、晶子らが宿泊した座敷・杉の間は当時の面影をそのままに。内牧城跡の樹齢千年の綾杉を使用し、11・6mの継ぎ目なしの柱、土壁や格子状になった高い天井や立派な梁《はり》、飴色に輝く継ぎ目のない長い廊下の床板。縁側の波うちガラスからは落ち着いた日本庭園を眺められます。また、アニメ映画『弱虫ペダル』の舞台にもなり、本物さながらのリアルさで登場。

自家源泉は温泉成分が付着し変色している浴槽の脇に。あえて露天を造ったり大きくしないのは、湯量と浴槽のバランスを考えて源泉かけ流し100%にこだわりたいから。湯量豊富で泉温も適温という条件も重なり、浴槽には惜しみなく源泉

Kyoko's eye

★阿蘇の大地で育まれた翡翠色の濁り湯
★与謝野晶子が宿泊した古き良き時代の香が残る杉の間
★アスリートたちも認める源泉かけ流し100%の泉質の良さ
★美肌力をサポートしてくれる硫酸塩泉
★近隣の行列店・いまきん食堂で、ぜひ名物の阿蘇のあか牛丼を!

温泉の感覚データ

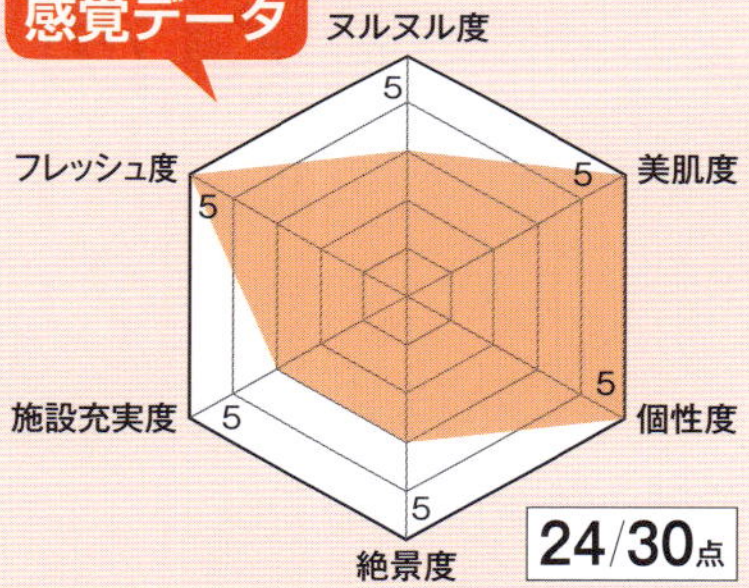

24/30点

泉質：ナトリウム・マグネシウム・カルシウム-硫酸塩泉（低張性-中性-高温泉）
泉温：43.5℃　**湧出量**：198ℓ/分
pH：7.1
溶存物質総量：2040mg/kg
色・香り・味：緑濁色、金気臭、鉄味・薬味・微苦味
湧出形態：動力揚湯（深度102m）

源泉かけ流し100%、自家源泉、アメニティ（シャンプー、リンス、ボディソープ、ドライヤー）

DATA　宿泊・立ち寄り入浴可

☎0967-32-0515

住　所：熊本県阿蘇市内牧145
営業時間：13:00〜22:00（宿泊状況により変更あり、要確認）
定休日：不定休
客室数：22室（和室18室、和洋室1室、半露天風呂付き2室、特別室1室）
料　金：1泊2食付き1万3110円〜、立ち寄り入浴500円
チェックイン：15:00　チェックアウト：10:00
風　呂：内湯男女各1、貸切風呂2（宿泊者無料、立ち寄り湯50分1500円、宿泊者優先なので事前確認を）
駐車場：20台

与謝野鉄幹・晶子ゆかりの宿として知られる。

貸切風呂・たる湯もまた乙なもの。

貸切風呂・緑彩の湯に大満足!

そのままの湯が注がれて新しいお湯で満たされ、ドバドバとあふれ出しています。陽光が差し込み、湯を照らして宝石のように鮮やかに輝き、光のスポットライトに浮かび上がる湯気もまた幻想的。泉質は九州では少ない硫酸塩泉。美肌泉質で肌に保湿力を与え、ハリや弾力を回復してくれるアンチエイジングの湯です。余分な皮脂が取れてさっぱりサラサラになるのでニキビ肌にも良いとか。金気《かなけ》臭《しゅう》のするお湯の浴感はまろやかで、肌触りはさらっとしていながらも、手のひらで肌に触ると硫酸塩泉特有の張り付くペタペタ感が。湯上がりはとてもしっとりして温まります。貸切風呂は屋根付き露天の緑彩の湯と開き戸式露天風呂のたる湯があります。

珍しい足元湧出の硫黄泉が湧く湯治天国

足元湧出の「すずめの湯」にはぬるめと熱めの湯船があり、20:30〜21:30は女性宿泊者専用。

- 自然湧出
- 自噴
- 源泉100%
- 自家源泉
- 濁り湯
- 濃厚
- 熱(あつ)湯
- 露天風呂
- 日帰り
- 宿泊

熊本県 南阿蘇村

地獄温泉 清風荘

阿蘇五岳の烏《え》帽《ぼ》子《し》岳《だけ》の麓に湧く秘境の一軒宿。古くから湯治場として親しまれ、3万坪の広大な敷地では四季折々の自然が楽しめます。２００年以上前の開湯と伝わり、江戸時代には熊本藩士だけが入浴を許されたとか。明治中期に建てられた本館はあえて改築をせず、黒光りした床や柱には数えきれぬ人々を迎えてきた誇りが刻み込まれています。

5本の源泉を有し、すずめの湯混合源泉、たまご地獄・元地獄混合源泉、宿泊者専用の新湯源泉があります。地獄温泉の代名詞・すずめの湯は混浴露天（女性宿泊者専用時間帯あり）で、湯船の底から自噴する希少な足元湧出。生まれたばかりの湯にダイレクトに触れられます。ぬるめと熱めの浴槽は源泉が異なり、熱めの浴槽は開業当初からの歴史ある湯船と源泉。単純酸性硫黄泉でpH2.6、総硫黄は37.1㎎。強い硫化水素臭があり、タオルや衣類についた匂いは洗濯しても取れないほど。白濁したサラサラの湯はマイルドで、肌がコーティングされる感覚。鉱泥で泥パックできることもあり、ワントーン肌が明るくなった感じです。混浴が難しい方は同じ源泉の内湯へ。元湯は薄暗く赤茶色の年季の入った石造りの大浴場で、高温の源泉から溜め升を経て適温になったお湯が注がれ、不揃いな湯の華が大量に舞い、薄灰色に濁っています。

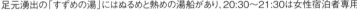

Kyoko's eye

- ★200年以上愛され続けている秘境の湯治場
- ★足元から湧き出る希少な混浴露天「すずめの湯」
- ★雰囲気の違う元湯や露天風呂も入り比べてみよう
- ★ミシュランでおなじみの京都・菊乃井で修業した料理長の絶品料理

温泉の感覚データ
〔すずめの湯混合泉〕

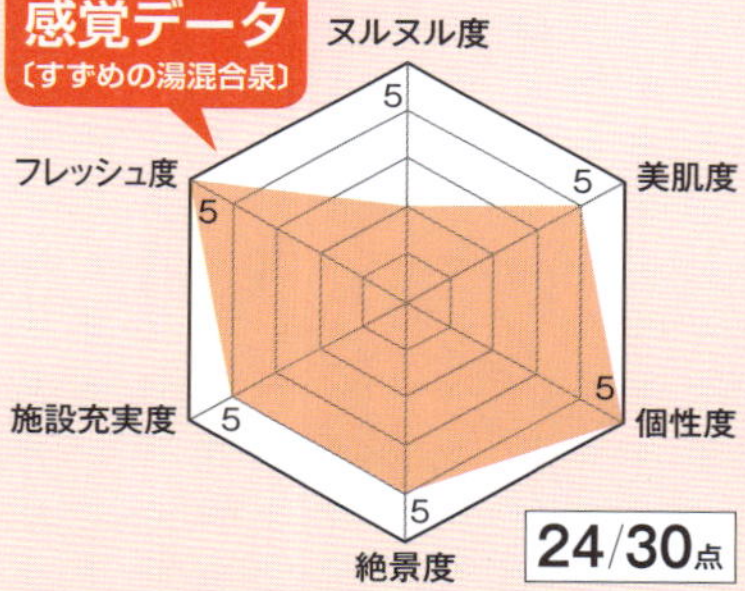

24/30点

泉質：①〔すずめの湯混合泉〕単純酸性硫黄泉
②〔たまご地獄・元地獄混合泉〕単純酸性泉
泉温：①47.1℃、②66.8℃
湧出量：共に不明　**pH**：①2.6、②2.5
溶存物質総量：①640mg/kg、②630mg/kg
色・香り・味：①灰色濁色、硫化水素臭、強酸味・収斂《しゅうれん》味《み》・微苦味
②灰色濁色、強硫化水素臭、酸味・微収斂味
湧出形態：共に自然湧出（①足元湧出）

源泉かけ流し100%、自家源泉、アメニティ（一部浴場にシャンプー、リンス、ボディソープ、ドライヤー）

DATA　宿泊・日帰り入浴可

☎0967-67-0005

住　所：熊本県阿蘇郡南阿蘇村河陽2327
営業時間：日帰り入浴10:00～18:00
定休日：無休
客室数：一般宿泊18室、自炊湯治10室
料　金：1泊2食付き1万4190円～、自炊の湯治も可、日帰り入浴大人600円・小人（3～12歳）300円
チェックイン：15:00　チェックアウト：10:00
風　呂：内湯男女各2、混浴露天風呂1、露天風呂男女各1、貸切風呂2（2000円）
食　事：食事処「曲水庵」にランチメニューあり
駐車場：50台

男性の露天岩風呂。女性の露天風呂は上の段に。

食事処「曲水庵」はランチも絶品。

運が良ければ泥パックができるかも。

弱いピリピリ感のあるpH2・5の酸性の湯はレモネードのような味で、湯上がりは一皮むけたように柔らかくツルツルで驚きます。男性の露天岩風呂は藤棚、女性の露天風呂・仇討《あだうち》の湯は高台から桜や紅葉を愛でながらの湯浴《ゆあ》みも。全て酸性の温泉で、皮膚病や耐糖能異常（糖尿病）に効果が期待できます。

食事にもこだわり、料理長は京都の菊乃井で修業。食事処の曲水庵ではランチのすずめ豆腐弁当をはじめ、日帰りプランも。夕食は鴨、鹿、猪の入った地獄鍋やいろり焼など、山ならではの恵みをいただけます。

粉雪のような湯の華が舞う
高アルカリのヌルヌル湯

木々に覆われた露天風呂。自然の中に溶け込んでしまいそう。

絶景
源泉100%
自家源泉
露天風呂
日帰り
宿泊

熊本県 山鹿《やまが》市

平山温泉 やまと旅館

熊本県の北部、福岡との県境に近い山間の田園風景の中に点在する平山温泉。皮膚病の湯治などで古くから親しまれ、江戸初期には熊本城主・加藤清正も訪れたと伝わり、その場所が現在「やまと旅館」のある所とか。

受付に向かう途中に薬師如来が祀ってあり、その下が源泉。源泉から浴槽まで10mほどしか離れていないので鮮度が良く、内湯に入ると微細な気泡が湯面に舞い、粉雪のようなフワフワとした湯の華も。pH9・6の高アルカリ性で肌を包む泡付き、さらに炭酸イオンが50㎎程度含まれているので強いヌルヌル感があります。ラドンも療養泉の基準値を超える14マッヘ含有。湯上がりは肌が柔らかくなりツルツルに。硫黄成分が血行を促進し、外に出てもポカポカ感が持続しよく温まります。露天風呂はあたり一面高い杉の木に囲まれ静寂の境。湯の流れる音と鳥たちの声しか聞こえず、手付かずの自然と一体になった気分です。内湯がガツンと個性を感じられるのに対し、露天風呂は緑と湯煙に包まれ、ふんわりとした優しい硫化水素の香りが漂います。

館内の食事処「わらび」では、毎朝出来上がったばかりの温泉豆富が食べられます。元々豆富屋を営んでいた先代が

Kyoko's eye

★気泡と湯の華舞うフレッシュなお湯を、顔もつけて全身で堪能
★毎朝作りたての濃厚な温泉豆富を食べるべし!
★湯の個性が感じられる内湯と品よく優しい露天風呂のお湯の違いを体感
★飛散しやすいラドンは湯口近くで呼気から吸入

温泉の感覚データ

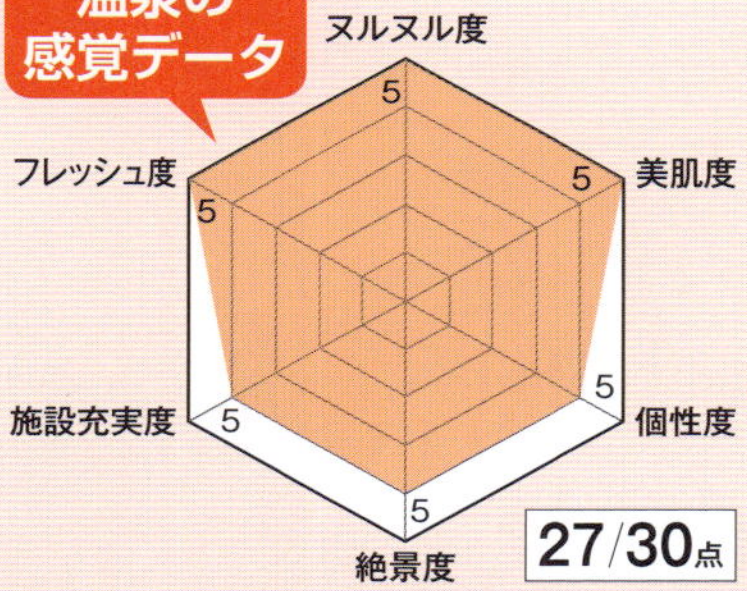

泉質:単純硫黄弱放射能泉
(アルカリ性-低張性-高温泉)
泉温:42.3℃　**湧出量**:89ℓ/分
pH:9.6　**溶存物質総量**:257.4mg/kg
色・香り・味:無色透明、硫化水素臭、苦味・甘味
湧出形態:動力揚湯(深度256m)

源泉かけ流し100%、自家源泉、アメニティ(シャンプー、リンス、ボディソープ、ドライヤー)

DATA　宿泊・日帰り入浴可

☎0968-43-8255
住　所:熊本県山鹿市平山金山211
営業時間:日帰り入浴9:00〜20:00(19:00受付終了)
定 休 日:水曜
客 室 数:本館4室、旧館3室、新館3室
料　金:1泊2食付き8850円〜2万9510円、日帰り入浴大人420円・小人260円、食事・入浴・部屋がセットの日帰り休憩プラン(4320円〜)あり
チェックイン:16:00(新館15:00)
チェックアウト:10:00(新館11:00)
風　呂:内湯男女各1、露天風呂男女各1
食　事:食事処「わらび」に豆富料理や山吹コース(2710円)、樹コース(2830円)ほか各種メニューあり
駐 車 場:40台

客室は本館と新館・旧館の離れ。

鮮度抜群の湯が惜しみなくかけ流される内湯。

豆富料理だけでなく様々な地元の素材を堪能。

温泉を使って美味しい豆富を作りたいという思いから試行錯誤を繰り返し、7年の歳月をかけて完成。温泉水で作った木綿豆富は、どーんと手応えがありながら、まろやかでとろんとしており、大豆の旨みがぎゅっと詰まった濃厚な味です。コースメニュー(2710円〜)では温泉豆富のお代わりもできます。湯上がりにおすすめなのがマンゴ豆乳プリン(390円)。自家製の豆乳で作ったプリンは風味が感じられ、甘さ控えめでヘルシー、舌触り滑らかでパンナコッタのような優しい味です。黒蜜豆乳プリン(300円)もあり、木綿豆富ともどもお持ち帰り可。

縁起が良い天草の名湯！
ストロングな赤湯＆ソフトな白湯

成分が体にしみ入る「赤湯」の露天風呂。内湯も風情たっぷりでおすすめ！

源泉100%
自家源泉
濁り湯
濃厚
飲泉
露天風呂
日帰り
宿泊

熊本県 上天草市（大矢野島）

大洞窟の宿 湯楽亭

天草の玄関口、あの天草四郎の故郷としても知られる大矢野島は、四方を海に囲まれ、新鮮な魚介類が満喫できる地。そんな大矢野島のいで湯のなかでも、温泉好きならぜひ立ち寄ってほしい名湯が弓ヶ浜温泉「湯楽亭」にあります。

ここの特徴はなんといっても、赤湯と白湯という2種類の泉質を一つの宿で味わえること。白湯は弱アルカリ性の単純温泉で、泉温が低いため加熱しています。総計で単純温泉ですが、成分を見ると純重曹泉に近く、肌の古くなった角質や余分な皮脂を洗い流してくれ、程よいヌルヌル感で肌あたりの優しいお湯です。赤湯はその奥。浴槽も洗い場もゴテゴテの析出物でコーティングされ、ざらざらとした感触が心地よいです。湯口も析出物に覆われ、巨大プリンのよう。ゴボゴボと音を響かせながら炭酸ガスがジュワジュワと放出され、湯面には流氷のようなパリパリの湯の華が舞っています。溶存物質総量が９５０２㎎あり、人間の細胞液と温泉の濃度はほぼ同じで、体に成分がしみ渡ります。炭酸水素イオンは４００６㎎、遊離

女性に人気の美人の湯「白湯」。

国内屈指の大洞窟風呂は幽玄の趣。

天草の新鮮な海の幸も絶品！

二酸化炭素も601・8㎎含まれているので、血行を促進して体の芯から温まります。

さらに進むと、家族全員で手掘りしたという全長33mの日本屈指の大洞窟風呂が！ 蒸気と温泉の香りが充満し、岩肌を伝って湯面に落ちる滴の音が幽玄な空間を演出、リラックス効果大です。蒸気浴は温泉とサウナのいいとこ取り。血液循環を良くし発汗を促すのに、汗が蒸発しないため体熱の拡散が防げます。また、スチームによる美肌効果や鼻詰り改善、髪へのトリートメント効果も期待できます。神秘的な雰囲気のなか、心も体も満たされていく極上湯です。

Kyoko's eye

★クレンジング効果「白湯」→血行促進&保湿「赤湯」で美肌力アップ！
★温泉マニアにはたまらない大迫力のゴテゴテの析出物オブジェ
★日本屈指の33m！ 手掘りの洞窟風呂
★天然のミストサウナで乾燥を防いで、肌も髪もツヤツヤに

温泉の感覚データ〔赤湯〕

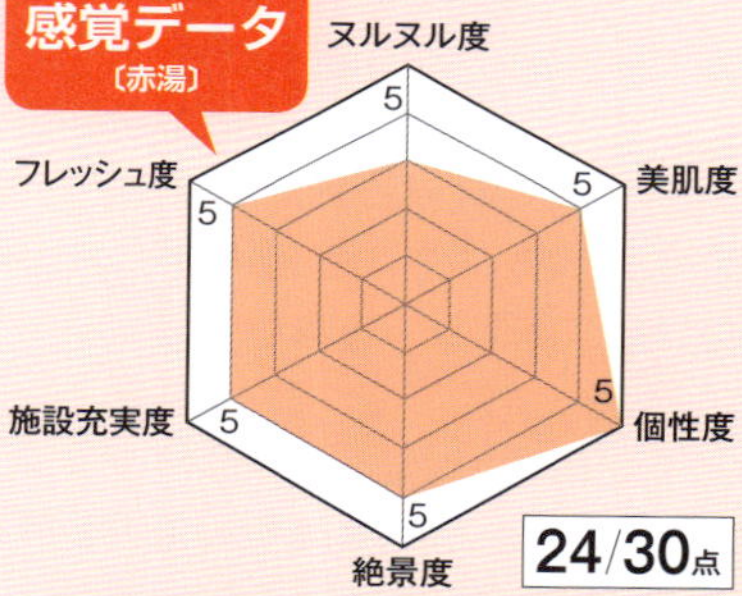

24/30点

泉質：①〔赤湯〕ナトリウム-塩化物・炭酸水素塩泉(等張性-中性-高温泉)
②〔白湯〕単純温泉(低張性-弱アルカリ性-低温泉)
泉温：①46.9℃、②32.3℃
湧出量：①127ℓ/分、②40ℓ/分
pH：①6.78、②7.5
溶存物質総量：①9502mg/kg、②877.9mg/kg
色・香り・味：①茶褐色、炭酸臭・磯の香、炭酸味・ダシ味
②無色透明、無味無臭
湧出形態：動力揚湯(深度①1000m・②650m)

源泉かけ流し100%(②は加温)、自家源泉、アメニティ(シャンプー、リンス、石けん、ボディソープ、ドライヤー)

DATA 宿泊・立ち寄り入浴可

☎0964-56-0536

住　所：熊本県上天草市大矢野町上弓ケ浜5190-2
営業時間：10:00〜15:00、18:30〜20:00(立ち寄り入浴)
定 休 日：不定休
客 室 数：22室(和室)
料　金：1泊2食付き1万5270円/人(1室2名利用の場合)、立ち寄り入浴・大人500円
チェックイン：15:00　チェックアウト：10:00
風　呂：内湯男女各2、露天風呂男女各2(洞窟風呂を含む)
駐 車 場：35台

北出♨コラム③

温泉よもやま話“四苦八苦編”

たくさんの温泉に行った中で苦労というか、大変な思いをした経験も数多くあります。まず、法華院《ほっけいん》温泉山荘（大分）。九州一高い場所にあることで知られるこの温泉は、片道2時間半をかけて登山しないとたどり着けないので、通常は泊まりがけで行く方が多いのですが、どうしても時間がなかった私は福岡の自宅から一人で車で出かけ、日帰りでの入浴を敢行。入浴後すぐに下山しましたが、季節は秋で思った以上に日没が早く、下山の途中であたりが真っ暗になってしまい、寒くなってくるし、遭難しそうに。携帯も通じないなか、怖い思いをしながらやっと下山しました。

また、某有名温泉の混浴風呂に行った際、ワニ（女性を見るのを目的に入浴している人）が15人ほどいるなか、一人で入浴したこともありました。法華院温泉とは違う意味で怖い思いをしましたが、そこにはどうしても入りたかったので、勇気を出して入りました。逆に、そこで男性につきまとわれている外国の女性を助けたりもしました。

あとは野湯《のゆ》探しですね。野湯というのは誰も管理していない、いわゆる自然に湧いている温泉です。「野湯がある」という情報を聞きつけると行きたい衝動にかられてしまいますが、野湯は行くのも入るのも完全に自己責任になりますので、これはもうアドベンチャーです。野湯は地図には載っていませんが、それを探して山の中に入り、あるいは雪の中を歩き、目的の温泉をめざします。タイの温泉ではタクシーをチャーターして往復10時間以上かけて3カ所巡ったりしました。そこまでしてやっと見つけても、泉温が冷たかったり熱すぎたり、全身を虫に刺されたり……（笑）。また、地獄地帯では有毒ガスにも気をつけないといけません。これほど危険で、入るのに大変苦労をする野湯ですが、“知らない温泉があったら、とにかく入って体感してみたい”という情熱が、私を突き動かしています。

九州にはこんな野湯もあります。行くのも入るのも大変な野湯ですが、天然の自然湧出という魅力はとても大きいです。

長崎県

HOTEL シーサイド島原（島原市 島原温泉）
ホテル南風楼（島原市 島原温泉）
雲仙福田屋（雲仙市 雲仙温泉）
雲仙いわき旅館（雲仙市 雲仙温泉）
旅館 國崎（雲仙市 小浜温泉）
長崎温泉 喜道庵（長与町）

シュワシュワの炭酸泉が湧き出す高満足度ホテル

自然湧出
自噴
源泉100%
自家源泉
ぬる湯
バリアフリー
日帰り
宿泊

オーシャンビューの露天風呂。男女とも高濃度炭酸泉・島原温泉、内湯・露天がそれぞれ一つずつ計四つの風呂があります。

長崎県　島原温泉（島原市）

HOTELシーサイド島原　湯治処

有史以前からの雲仙岳の火山活動による地殻変動の影響で、島原市には数多くの湧水や温泉があります。当ホテルは島原外港に近く、南国のリゾートホテルを思わせる雰囲気。清潔感、快適さ、接客、料理の美味しさ、コストパフォーマンスに至るまで、どれも素晴らしく、しかも全館バリアフリーで安心して過ごせます。

敷地内の「湯治処」には男女別の内湯、露天風呂、サウナ、エステティックサロンがあります。湯は市からの配湯と自噴の自家源泉。配湯のpH6.9のナトリウム・マグネシウム-炭酸水素塩泉は循環式で加温され、内湯・露天風呂各1カ所に使われています。もう一つは敷地内から湧出する二酸化炭素泉（炭酸泉）。二酸化炭素泉は希少で〝鮮度が命〟。湧出直後から炭酸感が失われていき、温めたり温度が高いと炭酸成分は消失してしまいます。浴槽はこの炭酸泉に合わせて造ったというくらい源泉に近く、そのまま注がれているため、浸かると一瞬にしてシュワシュワと銀色の炭酸泡に包まれます。高濃度炭酸泉と称するこの内湯と露天風呂は、鉄分で茶色く変色。遊離二酸化炭素が1005㎎含有されており、血流と老廃物の排出が促進され、よく温まります。泉温は26℃ですが、じっと浸かっていると炭酸成分でじんわりと温かくなり、湯上がりは全身が赤くなるほど。血行が良くなっているのが一目でわかります。炭酸水素イオン2123㎎とメタケイ酸227・8㎎も含まれ、汚れを落とし潤いを与えて美肌効果も充分。露天風呂は穏やかな有明海を眺めながらリラックスでき、特にそこにある小さな浴槽は泡付きが良くお気に入り。寒くなったら加温の浴槽で温まり、その後また炭酸泉に入る温冷交互浴をすると、より血行が促進され温まります。

レストランもおすすめで、地元出身のシェフは元オークラガーデンホテル上海の総料理長。島原の地野菜、新鮮な有明海の魚介類、長崎和牛など地の食材を生かしたメニューが豊富で、島原名物の具雑煮天ぷら御膳や島原じげもんポークカツカレーなど、ボリューム満点でとても美味です。

有明海に面した南国リゾートのようなホテル。

高濃度炭酸泉の露天風呂を堪能。

オーシャンビューのレストランで名物「具雑煮天ぷら御膳」を。

Kyoko's eye

★浴槽のすぐそばで自噴するレアでフレッシュな二酸化炭素泉
★温冷交互浴でさらに血行を促進しデトックス&美肌に
★有名ホテルの元シェフが作る料理は絶品&コスパ良し
★全館バリアフリーなので高齢者や身障者にも安全安心

温泉の感覚データ
〔高濃度炭酸泉〕

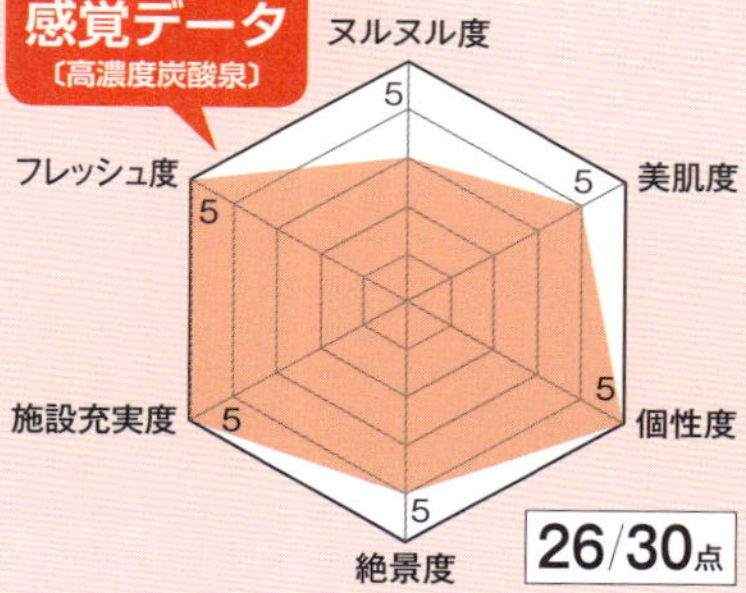

26/30点

泉質：含二硫化炭素-マグネシウム・カルシウム・ナトリウム-炭酸水素塩泉
（低張性-中性-単純温泉）
泉温：26.0℃　**湧出量**：不明
pH：6.3　**溶存物質総量**：3237mg/kg
色・香り・味：無色透明、強金《きょうかな》気《け》臭《しゅう》、強炭酸味
形態：自然湧出

源泉かけ流し100%・自家源泉（高濃度炭酸泉）、加水加温循環式・引き湯（島原温泉）、サウナ、アメニティ（シャンプー、リンス、石けん、ボディソープ、ドライヤー）

DATA　宿泊・日帰り入浴可

☎0957-64-2000
住　　所：長崎県島原市新湊1-38-1
営業時間：日帰り入浴6:30～24:00（23:00受付終了、ただし9:00～11:00〈第2木曜は～15:00〉は清掃のため休館）
定 休 日：無休
客 室 数：34室（シングル8室、ツインA10室、スイート2室、ツインB14室）
料　　金：1泊2食付き1万670円（ツイン）、入浴料500円
チェックイン：15:00　チェックアウト：10:00
風　　呂：内湯男女各2、露天風呂男女各2、サウナ男女各1
食　　事：具雑煮天ぷら御膳、サーロインステーキなどが味わえるレストランあり
駐 車 場：200台

海と一体化する 心安らぐ絶景露天風呂

海に浮かぶような絶景露天風呂。ねころび湯や1人用の陶器風呂、展望デッキテラスなどもあります。

絶景
露天風呂
貸切風呂
日帰り
宿泊

長崎県 島原温泉（島原市）

ホテル南風楼

島原温泉は全国でも珍しい温泉集中管理方式を採用し、ホテルや旅館、一部の個人に温泉の供給を行っています。源泉は3カ所ありますが、現在は元池第一源泉と観音島源泉を混合して供給。pH7・3のマグネシウム・ナトリウム-炭酸水素塩泉で、肌に刺激が少なく誰でも入浴しやすい温泉です。

「ホテル南風楼」は有明海に面して建つ創業百年余の老舗の宿。市内最大の規模を誇り、千坪の日本庭園や動物ふれあいゾーン、ドックラン、グランドゴルフ広場、キッズコーナーなどもあり、庭園の先には有明海の大パノラマが広がります。温泉は内湯と露天風呂、総ひのきサウナやスチームサウナも。内湯は海の見える展望大浴場で、奥には檜の枕があり寝湯も楽しめます。そしてなんといってもここの自慢が絶景露天風呂。真っ青な海とその向こうに山の稜線を望むことができます。少し高い位置にあるので水平線と湯面が一体化。心地よい波の音と潮風を感じながら移りゆく空を眺め、さらに日の出や満天の星空を愛でる至福の時が味わえます。浴槽の岩は温泉成分で黄金色にコーティングされ、サンゴのような析出物が付着。湯口は鍾乳石のような見ごたえのあるオブジェに。温度調整のため加温・加水しているものの個性はあります。浴感はサラッ

ライトアップに映える紅葉の日本庭園。

オーシャンビューの客室露天もまた絶景！

ゴージャスな露天風呂付き客室。

としていて少しキュキュ。皮膚表面の皮脂や分泌物や汚れを洗い流すので、石けんのように洗浄しサッパリします。表皮を軟化させる作用もあり、古く硬くなった角質を柔らかくし、皮膚の再生を促して乾燥肌の改善も期待できます。炭酸水素イオンが1551㎎、遊離二酸化炭素やメタケイ酸も含まれ、湯上がりは肌が柔らかくツルツルになり、しっとり感も。清涼感がありながら、ポカポカ感が持続します。

近年登場した水平線に溶け込む豪華客船のスカイスイートをイメージした、海に浮かんでいるような露天付き客室もおすすめ。オーシャンビュー客室と食事も付いた日帰りプランも充実しています。

Kyoko's eye

- ★海に浸かっているようなオーシャンビューの絶景露天風呂
- ★家族やペットも一緒に！ 充実した施設は一日遊べるテーマパークのよう
- ★カップルやご夫婦にはゆっくり過ごせるハイセンスな露天付き客室
- ★市内の数カ所に飲泉所や足湯も設置されており、無料で24時間利用可能

温泉の感覚データ

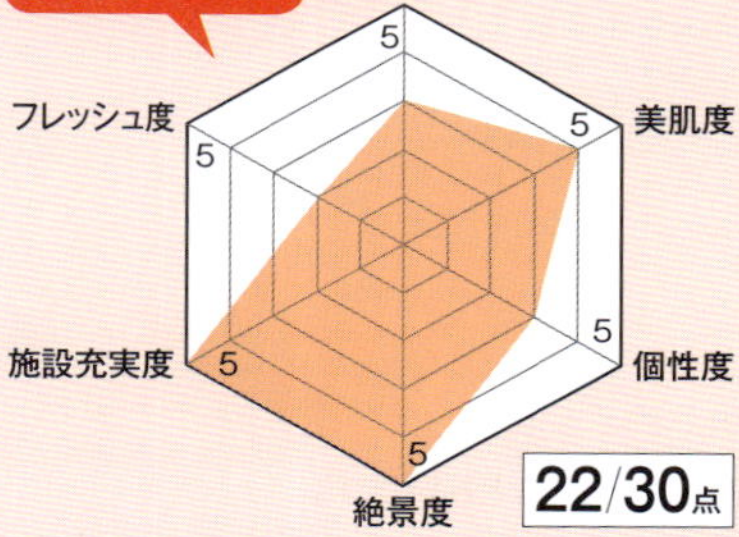

泉質：マグネシウム・ナトリウム-炭酸水素塩泉（低張性-中性-温泉）
泉温：30.1℃　湧出量：390ℓ/分
pH：7.3　溶存物質総量：2215mg/kg
色・香り・味：無色透明、薬臭・金気臭《かなけしゅう》、微炭酸味・微鉄味
形態：動力揚湯（観音島源泉・深度150m、元池第一源泉・同350m）

源泉かけ流し（加水・加温）、引き湯、サウナ、アメニティ（シャンプー、リンス、ボディソープ、ドライヤー）

DATA　宿泊・日帰り入浴可

☎0957-62-5111

住　　所：長崎県島原市弁天町2-7331-1
営業時間：日帰り入浴7:00～23:00（男性用は月水金、女性用は火木土が清掃につき11:00～12:00まで使用不可）
定 休 日：不定休
客 室 数：97室
料　　金：1泊2食付き1万2000円～、日帰り入浴大人1000円・3歳～小学生600円、日帰りプランもあり
チェックイン：15:00　チェックアウト：10:00
風　　呂：内湯男女各1、露天風呂男女各1、貸切風呂1（50分2160円）
食　　事：食事・客室（休憩）付きの日帰りプランあり
駐 車 場：100台

温かみのある雰囲気と白濁の湯に包まれる女性に嬉しい宿

山の大気と木々に抱かれた「せせらぎの湯」でうっとり。

絶景
自然湧出
自噴
源泉100%
自家源泉
濁り湯
露天風呂
貸切風呂
日帰り
宿泊
得
P157

長崎県　雲仙温泉（雲仙市）

民芸モダンの宿　雲仙福田屋

木のぬくもりに包まれた温かみのある古民家風の宿。木をふんだんに使い、解体された古民家の立派な梁《はり》や天井、格子状の照明など、ノスタルジックな雰囲気に暖炉の炎が映え、モダンでシックなデザインとも調和して、落ち着いた館内は居心地が良く、つい長居をしてしまいます。

内湯の「普賢《ふげん》の湯」「白雲の湯」と露天風呂の「せせらぎの湯」「さえずりの湯」があり、朝夕入れ替えなので宿泊者は全て楽しめます。せせらぎの湯は木々に囲まれ、小川と風の音、カコーンという鹿威《ししおど》しの音が響くほど静か。緑や紅葉と湯の華が舞う白濁の湯のコントラストが美しい。自噴している湯はpH2.13の酸性・含硫黄・鉄・単純温泉で、総硫黄14.2㎎、総鉄は25.2㎎。硫化水素の香る刺激の強い湯はマイルドながらキュッとした浴感で、少々つっぱり感が。私はいつも湯口から桶に湯を汲み、フェイスタオルを浸けて軽く絞り、顔に乗せて温泉蒸しタオルパックをしています（酸性なので目に入ると少ししみる）。アストリンゼント（収斂《しゅうれん》）作用により角質の隙間を引き締めて水分の蒸発を防ぎ、肌のバリア機能を高め、ツルンとした陶器のような肌に。さらに硫黄泉は殺菌効果も高く、皮膚のトラブルにも効果的。メラニン色素の分解・抑制、紫外線カッ

Kyoko's eye

★温かい木のぬくもりに包まれる民芸モダンのおしゃれな空間
★四季折々の自然を感じながら、静かに落ち着いて入浴できる
★酸性硫黄泉を活用して美肌力アップ!
★民芸茶屋「力」でハイカラなランチを

温泉の感覚データ

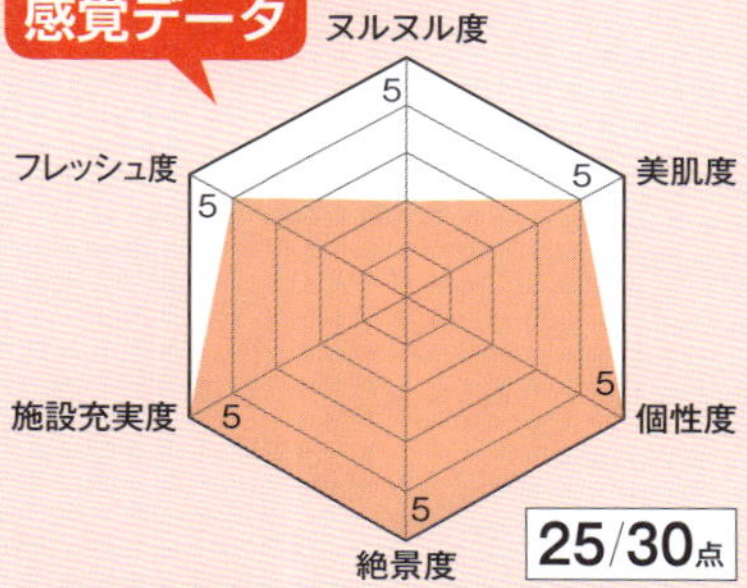

泉質：酸性-含硫黄-鉄-単純温泉
（低張性-酸性-高温泉）
泉温：56.1℃　**湧出量**：138ℓ/分
pH：2.13　**溶存物質総量**：959.4mg/kg
色・香り・味：白濁、硫化水素臭、強酸味・強収斂味
湧出形態：自然湧出

源泉かけ流し100%、自家源泉、引き湯、サウナ、アメニティ（シャンプー、リンス、石けん、ボディソープ、ドライヤー）

DATA　宿泊・立ち寄り入浴可

☎0957-73-2151
住　　所：長崎県雲仙市小浜町雲仙380-2
営業時間：立ち寄り入浴12:00～20:00
定 休 日：不定休（年に数日、オフシーズンにメンテナンス日あり）
客 室 数：34室（露天風呂付き特別室2室、特別室1室、和室11室、和洋室20室）
料　　金：1泊2食付き1万2000円～、立ち寄り入浴大人1000円、貸切湯1000円～2500円/人（50分）
チェックイン：15:00　チェックアウト：10:00
風　　呂：内湯男女各1、露天風呂男女各1、貸切湯4
食　　事：民芸茶屋「力」11:00～14:30（LO）・夜は要予約で18:00～21:30（LO）、雲仙ハイカラオムハヤシ、溶岩焼きハンバーグの他、十割そばも各種あり
駐 車 場：50台

民芸モダンの落ち着いたロビー。

内湯も木がふんだんに使われています。

東京・松本楼で修業したシェフによる"オムハヤシ"

ト効果もあり、美肌だけでなく美白も期待できます。ただし、肌の弱い人は上がる前に軽くシャワーで洗い流したほうが良いかも。湯上がりにすぐに保湿し、サラサラツルツル肌の出来上がり。趣向を凝らした四つの貸切湯もおすすめです。

女性スタッフの多い清潔な宿で、随所に女性への配慮が。冬場には暖炉の火を使った焼きマシュマロをサービスしてくれます。併設している民芸茶屋「力《りき》」では和食から洋食までセットメニューが豊富で、特におすすめしたいのが雲仙ハイカラオムハヤシ。バターライスにフワフワトロトロの玉子がのり、3週間煮込んだデミグラスソースは甘めのベーシックな味ながら旨味とコクがあります。

雲仙温泉で唯一！敷地内に自家源泉を有する泉質自慢の宿

自然湧出
自噴
源泉100%
自家源泉
濁り湯
露天風呂
日帰り
宿泊

「温泉審査最高点の宿」の白濁の露天風呂。これぞ温泉の感。

長崎県 雲仙温泉（雲仙市）

雲仙いわき旅館

国民保養温泉地・雲仙温泉の歴史は古く、大宝元年（701）に行基が開湯のきっかけをつくったと伝わります。明治期から外国人保養地として栄え、ゴルフ場やテニスコートも極めて早い時期に造られ、昭和9年（1934）には日本で初の国立公園に指定されました。

メインスポット・雲仙地獄横の「いわき旅館」の前身・高来ホテルは明治20年（1887）、外国人専用の保養所として開業。130年近い歴史をもつ老舗です。特筆すべきは雲仙温泉で唯一、自家源泉（自然湧出）が敷地内にあること。泉源から空気にほとんど触れずにダイレクトに浴槽へ注がれ、加水・加温一切無し。毎日湯量で温度調整していますが、雨の多い時期や夏は湯温が下がり、冬は高め。季節によって多少温度差がありますが、これも自然湧出ならでは。日本温泉協会の審査では全項目満点評価の最高点を獲得。内湯と露天風呂には細かい白い湯の華が大量に舞い、しっかりとした硫化水素臭のする白濁の湯で「ザ・温泉」といった感じです。pH2.4の酸性でアルミニウムとカルシウムを多く含み、総鉄は20.9㎎（基準値20㎎）、総硫黄は96.6㎎（基準値2㎎）。マイルドでまろやかな湯ながら、ピリピリとした刺激

Kyoko's eye

★明治時代からおよそ130年続く歴史ある老舗旅館
★雲仙では当館でしか入ることが出来ない自然湧出の自家源泉
★日本温泉協会の審査で満点評価の五つ星の湯!
★硫黄香る酸性の湯は、皮膚病や血行促進に効果あり

温泉の感覚データ

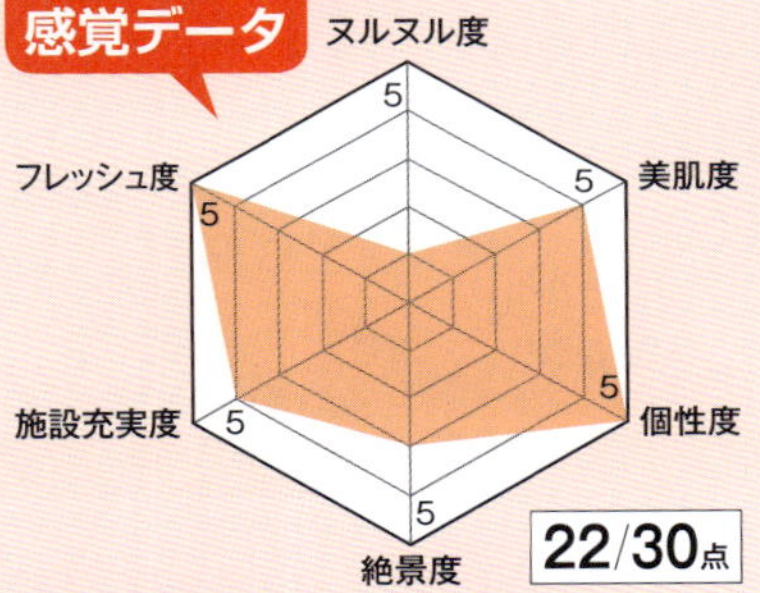

泉質：含硫黄-アルミニウム-硫酸塩泉
（低張性-酸性-高温泉）
泉温：48.0℃
湧出量：不明
pH：2.4
溶存物質総量：1080mg/kg
色・香り・味：白濁、硫化水素臭・微金気臭《びかなけしゅう》、酸味・収斂味《しゅうれん》・微鉄味
湧出形態：自然湧出

源泉かけ流し100%、自家源泉、アメニティ（シャンプー、リンス、ボディソープ、ドライヤー）

DATA 宿泊・立ち寄り入浴可

☎0957-73-3338
住　所：長崎県雲仙市小浜町雲仙318
営業時間：12:00〜15:00（事前に電話確認を）
定休日：無休
客室数：和室35室（うち露天風呂付き5室）
料　金：1泊2食付き1万950円〜、立ち寄り入浴大人600円・小人300円
チェックイン：15:00　チェックアウト：10:00
風　呂：内湯男女各1、露天風呂男女各1、客室露天風呂5
駐車場：25台

内湯（男湯）はシックなイメージ。

玄関脇にある「指の湯」は無料。

豪華な露天風呂付き客室。

が少しあり、肌が引き締まるようなキュキュっとした浴感です。成分総計は1930㎎で数字を見ると特別濃くはないのですが、ガツンとした個性とパワーが感じられます。硫黄泉は毛細血管を拡張して血流を良くし、同様に血行を促進する遊離二酸化炭素も853.1㎎と多めなので、とにかくよく温まり全身ポカポカに。また湯気を吸入すると痰《たん》の切れが良くなり、殺菌効果が高いので皮膚病に対する効果が期待できます。ただし刺激が強いので、肌が弱い方はシャワーで洗い流して上がるとよいでしょう。

湯上がりには雲仙の自然と外国人避暑地として育まれた温泉レモネード（250円）を。すぐ隣の温泉神社や雲仙地獄の遊歩道、近くの小地獄温泉や共同湯にもぜひ!

温かい人と湯のぬくもりに癒される 源泉かけ流しの隠れ家

貸切の露天風呂からは山も見え、開放的な気分に。

源泉100%
自家源泉
濃厚
飲泉
露天風呂
貸切風呂
日帰り
宿泊
得 P157

長崎県 小浜《おばま》温泉（雲仙市）

旅館 國崎

雲仙の西麓・小浜温泉には100℃を超える源泉が数多くあり、毎日1万5000tも湧出しているため7割以上を海に排出しているほど。湯量豊富な温泉として昔から親しまれ、奈良時代の『肥前風土記』にも記されている歴史のある温泉です。湧出量×湯温で求められる放熱量は日本一で、至る所から湯煙が立ち上り、マンホールからも湯気がモウモウ。昔ながらの港町風情も味わい深く、夕日の名所としても知られています。

「旅館 國崎」は橘湾沿いの温泉街の裏通りに佇む、こぢんまりした純和風の宿。戦前からの建物で、柱や階段、床などに風格を感じます。所々にさりげなく置かれた民芸品や絵にほっこり。敷地内の自家源泉から97℃の湯を毎分430ℓ汲み上げています。高温のため加水せざるをえない小浜温泉において、大量の湧き水で配管の外側から冷却し、源泉に入浴できるのは貴重でありがたい！ 温泉は男女別の内湯と貸切風呂が三つ（石風呂、ひのき、露天）。内湯は赤タイルの壁に暖色の明かりが灯り、ぬくもりを感じます。泉質はナトリウム-塩化物泉。溶存物質が7560㎎もあり、規定値の7倍以上の濃厚な温泉です。またpH8.0の弱アルカリ性でメタケイ酸は260㎎。ヌルヌルするとろみのある湯で、肌に優しくまとわりつきます。弱アル

心安らぐロビー。温かく気さくなご夫婦が経営する「日本秘湯を守る会」の宿。

旬の食材をふんだんに使った料理。郷土料理の「がね炊き」も名物。

離れの2階建ての古民家には露天風呂もあります。

カリ性の湯は古い角質と皮脂を洗い流し、メタケイ酸は肌の水分を保持、さらに塩分が保湿剤のような役割をしてくれます。よって、肌にとって要らないものは洗い流し、必要なものが得られる最高の美肌の湯。湯上がりにべたべたすることもあるナトリウム-塩化物泉ですが、ここの湯はべたべた感がなく、すべすべしっとり肌に。飲泉もでき、お吸い物のダシのような味でとても美味です。

　地の新鮮な食材を生かした海辺の町ならではの料理を楽しむこともできます。近くにある戦前の趣を残す共同湯・脇浜温泉浴場、日本一長い105mの足湯は一興。名物「小浜ちゃんぽん」もぜひ!

Kyoko's eye

- ★湧出量×湯温=放熱量 が日本一の小浜温泉
- ★日本秘湯を守る会加盟の源泉かけ流しの湯
- ★ダシのように美味しい源泉を飲泉すべし!
- ★弱アルカリ性&メタケイ酸&塩化物泉で美肌に!

温泉の感覚データ

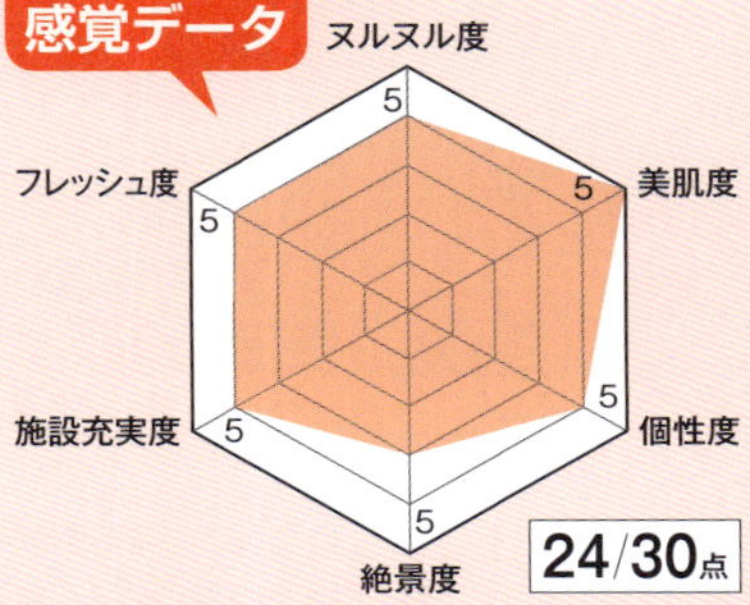

泉質：ナトリウム-塩化物泉
（弱アルカリ性-低張性-高温泉）
泉温：97.0℃　湧出量：430ℓ/分
pH：8.0
溶存物質総量：7560㎎/kg
色・香り・味：無色透明、噴気臭、塩味・甘味・ダシ味
湧出形態：動力揚湯（深度100m）

源泉かけ流し、自家源泉、アメニティ（シャンプー、リンス、石けん、ボディソープ、ドライヤー）

DATA　宿泊・立ち寄り入浴可

☎0957-74-3500

住　所：長崎県雲仙市小浜町南本町10-8
営業時間：入浴のみ13:00～20:00
定休日：無休
客室数：10室（和室9室・離れ1室）
料　金：1泊2食付き1万5270円～、立ち寄り入浴500円
チェックイン：15:00　チェックアウト：10:00
風　呂：内湯男女各1、貸切風呂3（1000円、宿泊者は無料。多客時は貸切できない場合あり）
駐車場：15台

海と温泉、自然の恵みをダイレクトに感じられる美肌の湯

夕日を眺めながら入れる露天風呂を満喫！

絶景
源泉100%
自家源泉
露天風呂
日帰り

長崎県 長与町《ながよちょう》

長崎温泉 喜道庵

長崎市街から車で40分、大村湾に面してぽつんと建つ日帰り温泉施設。リピーターが多く、県外からわざわざ訪れるファンも。日本でも最大級の丸太を使ったログハウス内は、ぬくもりのある空間で、ゆっくりくつろげるラウンジもあり、海辺のデッキからはチヌ（黒鯛《くろだい》）なども見えてシーサイド気分満点です。

浴室も丸太で囲まれていてほっこり。内湯と露天風呂があり、床や湯口、排水溝、岩などが鉄分で茶色に変色しています。敷地内の自家源泉の豊富な湯は44℃、全て加水・加温なしのかけ流し100％。とにかく鮮度の良さが魅力です。内湯は少し熱めで、湯口のあたりは極小の泡が舞い白くなっています。その泡付きも相まって浴感はかなりヌルヌル。美肌泉質の代表格・ナトリウム-炭酸水素塩泉かつ美肌効果を高める弱アルカリ性。不純物のないシンプルな重曹泉で、炭酸水素イオンを1353㎎も含有。重曹成分が余分な皮脂や分泌物を洗い流し、硬くなった角質を乳化して柔らかくしてくれます。オーシャンビューの開放的な露天風呂には打たせ湯があり、そこから源泉が注がれています。湯口付近では細かい気泡が体中にビッシリ。とろみの強い化粧水に浸かっている感覚です。浴槽からダイブ出来そうなくらい海が近く、爽やかな潮風、波の音、そして水平線を真っ赤に染める夕日、満天の星空。

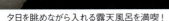

Kyoko's eye

★大村湾の潮風と香り、波の音を間近に感じられる絶景露天風呂
★鮮度抜群！ヌルヌルの美肌泉質
★手ぶらでOK！一日中のんびり過ごせる温泉
★温泉水をたっぷり使った「喜道庵石けん」

温泉の感覚データ

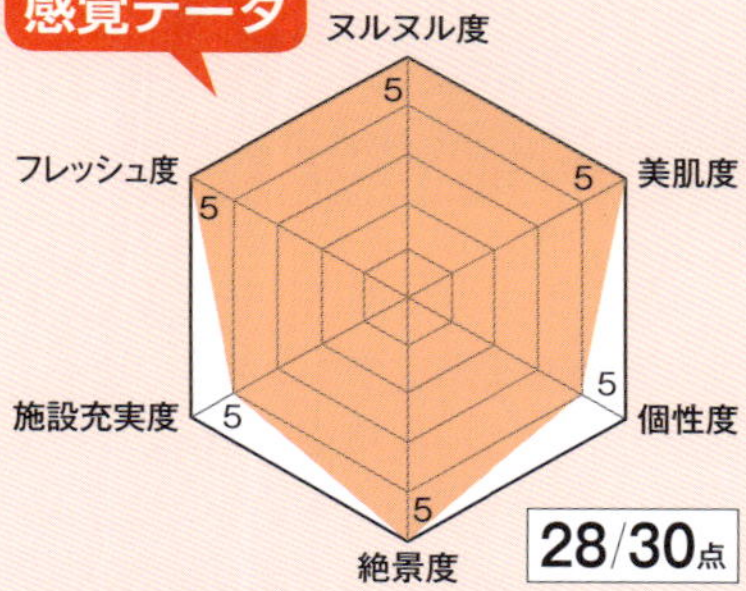

28/30点

泉質：ナトリウム-炭酸水素塩泉
（低張性-弱アルカリ性-高温泉）
泉温：44.1℃　湧出量：218ℓ/分
pH：8.2　溶存物質総量：2070mg/kg
色・香り・味：無色透明、薬臭・微金気臭《びかなけしゅう》、甘味・微鉄味・微塩味
湧出形態：動力揚湯（深度1300m）

源泉かけ流し100%、自家源泉、打たせ湯、アメニティ（シャンプー、リンス、石けん、ボディソープ、ドライヤー、フェイスタオル、バスタオル）

DATA

日帰り入浴のみ

☎095-887-4126

住　所：長崎県西彼杵郡長与町岡郷2762−1
営業時間：10:00〜22:00（11月〜4月は10:00〜21:00）
定休日：無休
料　金：大人1550円・小人780円、平日夜間大人1030円・小人520円（11月〜4月は19:00〜、5月〜10月は20:00〜）
風　呂：内湯男女各1、露天風呂男女各1
食　事：併設の「一心亭」におすすめランチの一心亭定食（950円）のほか各種定食・単品類があり、入泉と食事のセットも
駐車場：42台

ぬくもりを感じさせるウッディな館内。

美肌の湯ですべすべ肌に。シャワーも温泉です。

ゆったりプラン「花かご膳＋入浴」は3500円。

海沿いには塩化物泉が多いのですが、ここはフレッシュな炭酸水素塩泉で、湯上がりは清涼感、爽快感があります。化粧水を浴びたようにヒタヒタでヌルヌル、タオルで拭いてもペタペタ感が残ってしっとり。時間が経つとサラッとします。料金は少し高めですが、バスタオル、フェイスタオル、浴衣、半纏《はんてん》、化粧水、クリームなども付くので、手ぶらでもOK。整骨院もあり、休憩しながら一日何度でも温泉に入れます。

食事＋入浴の「とくとくセット」（2300円）が一番人気で、かなりお得。温泉水を使った喜道庵石けん（720円）は一度使ったらやみつきに。長崎市街〜喜道庵の無料送迎バスも運行しています。

北出♨コラム④

温泉よもやま話“思い出の温泉編”

タイのヒンダット温泉にて。「onsen」で世界の人たちとつながります。

昨年（2015年）夏にタイの温泉に行った時の話です。そこで友人と一緒に水着で温泉に入っていたら、現地の長老的な人から「どこから来たんだ」と声をかけられました。日本から来たことを伝えると、体に良い入浴法やその温泉の由来について教えてくれました。実はそこは戦時中に日本兵が見つけ、湯治に使っていたらしいのです。日本人がどうしていつも元気だったのか、不思議に思っていた現地の人たちは、この温泉の存在に気づき、入り方に工夫をしつつ、現在まで大切に守り続けてきたといいます。温泉の良さが国を超えて理解され、時間を超えて大切に守り続けてこられたことに、感動を覚えました。

九州で思い出深い温泉といえば「豊礼の湯」です。豊礼の湯は青くて美しいお湯、それに温泉に入ったまま雄大な景色を眺められるところ、そして24時間入れる利便性が気に入っていたので、よく仕事帰りに来ていました。ある日、たまたま仕事でうまくいかないことがあって悩んでいた時に、一人でこの湯に浸かって自然を眺めながら物思いにふけっていると、大自然を前に自分がちっぽけに思え、湯で禊《みそぎ》をして心身ともに洗われたようにデトックスでき、自然からパワーを注入して心が晴れ、すっきりして前向きになれました。以来、毎年一湯目（最初の温泉）は必ずここに入り、満天の星空を眺めながらその年の目標を定めたり、疲れた時や迷った時、何か大きな転機には、この温泉に足を運んでいます。

「転地効果」と言いますが、環境を変えてみることで自分を見つめ直したり、気持ちをリセットさせることができますし、温泉自体にも精神的な不調に対する効果があります。温泉は体を癒すだけでなく心も癒してくれ、明日への活力を生み出してくれます。どのような温泉が自分と相性が良いのか、それは温泉に個性があるのと同様、個人個人で違いがあると思いますので、皆さまにもそのような心のよりどころとなる温泉を見つけてほしいと思います。

佐賀県

旅館 嬉泉館（嬉野市 嬉野温泉）

和多屋別荘（嬉野市 嬉野温泉）

鶴霊泉（佐賀市 古湯温泉）

湯招花（佐賀市 熊の川温泉）

嬉野温泉で
自家源泉をもつ
源泉かけ流し100%の
美肌の湯

源泉かけ流し100%の美肌の湯。岩造りの大小二つの湯船がある。

源泉100%
自家源泉
熱(あつ)湯
飲泉
日帰り
宿泊
得 P157

佐賀県 嬉《うれし》野《の》温泉(嬉野市)

源《もと》湯《ゆ》岩風呂 旅館 嬉《き》泉《せん》館《かん》

日本三大美肌の湯として有名な嬉野温泉。温泉街の中にひっそりとたたずむ「嬉泉館」は、先代が自宅に温泉を掘ったのがきっかけの自家源泉をもつ、嬉野では数少ない源泉かけ流し100%の宿。純和風のこぢんまりとしたアットホームな旅館で、温度の異なる大小の岩風呂が二つ。源泉は浴槽の真横にあり、源泉温度が90℃あるので、温度調整をして蛇口からちょろちょろと少なめに温泉を注いでいます。蛇口の先には白い塩分(温泉成分)が付着して固まり、蛇口近くのお湯に触ると指先が強烈にヌルヌルします。飲泉も可能で甘味と少し塩味が。飲泉では耐糖能異常(糖尿病)、高尿酸血症(痛風)、胃・十二指腸潰瘍、逆流性食道炎などが適応症とされています。

嬉野温泉のナトリウム・炭酸水素塩・塩化物泉は、硬くなった角質を柔らかくし乳化させ洗い流してくれる別名「クレンジングの湯」。しかも塩分も含むので、よく温まり保温・保湿効果も高い。余分なものは洗い流してつるつる柔肌にし、さらに保湿してしっとり肌を作る、まさに美肌の湯です。pH8・52のアルカリ性の湯は、優しく包まれるようなとろんとろんの肌触りがなんとも気持ちよく、ローショ

Kyoko's eye

★美肌の湯「嬉野温泉」で貴重な源泉かけ流し100%
★飲泉にチャレンジして健康アップ！
★「御食事付き温泉入浴休憩プラン」を予約していこう
★観光スポット「豊玉姫神社」でさらなる美肌をゲット

温泉の感覚データ

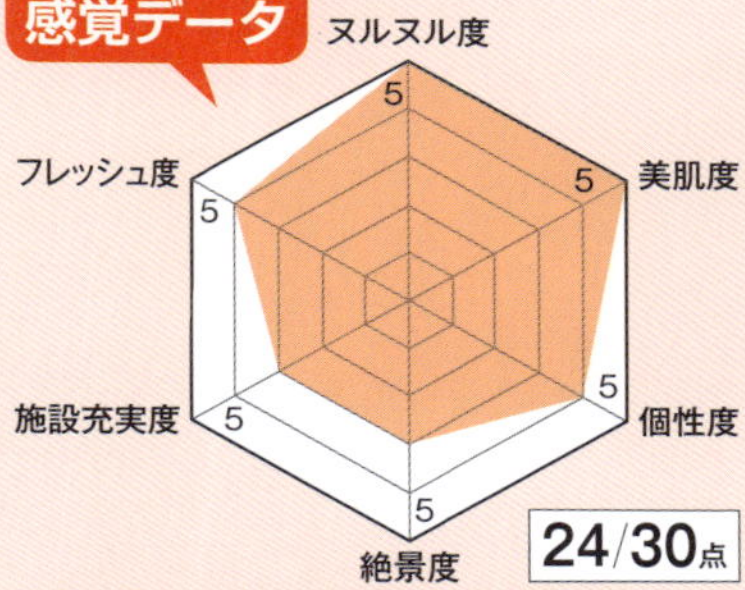

泉質：ナトリウム-炭酸水素塩・塩化物泉（低張性-アルカリ性-高温泉）
泉温：90.0℃
湧出量：500ℓ/分
pH：8.52
溶存物質総量：1712mg/kg
色・香り・味：無色透明、無臭、微塩味・微苦味
湧出形態：動力揚湯（深度70m）

源泉かけ流し100%、自家源泉、アメニティ（シャンプー、リンス、石けん、ボディソープ、ドライヤー）

DATA 宿泊・日帰り入浴可

☎0954-43-0665
住　所：佐賀県嬉野市嬉野町大字下宿乙2202-18
営業時間：日帰り入浴10:30〜21:00（混雑時は不可）
定休日：不定休
客室数：8室（和室）
料　金：1泊2食付き平日1万950円〜、日帰り入浴料大人600円・小人300円
チェックイン：15:00　チェックアウト：10:00
風　呂：内湯男女各1
食　事：御食事付き温泉入浴休憩プラン（3290円）ほか、要予約
駐車場：20台

プランによっては休憩でも利用できる客室。

絶品！「御食事付き温泉入浴休憩プラン」のメニュー。

豊富な湯量を誇る自家源泉をもつ家庭的な温かい宿。

ンの中に入っているよう。メタケイ酸が161.1㎎、炭酸イオンも64㎎入っているので、pH以上にヌルヌル感を強く感じます。温泉を持ち帰って皮膚につける常連さんもいるほどで、その源泉を55%配合した無添加の保湿液も人気です。
当館は料理（要予約）も魅力。有名ホテルで修業し、日本料理の専門調理師の資格をもつご主人の料理は、どれも絶品。地元の食材、旬の食材などを取り入れた、お湯と同様にこだわり抜いた新鮮な素材が目にも鮮やかに調理され、驚きの美味しさ！です。観光スポットの豊玉姫神社は真裏。竜宮城の乙姫様が祭神で、肌が白く美しかったことから美肌の神様として有名です。併せて美肌をゲットしよう！

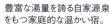

自然豊かな老舗旅館で贅沢な空間と特別な時間を

特別な空間「心晶」の内湯。花鳥風月を愛でながら、ゆったりとくつろげます。

絶景
自家源泉
飲泉
露天風呂
貸切風呂
日帰り
宿泊

佐賀県 嬉野《うれしの》温泉（嬉野市）

和多屋別荘

九州でも有数の温泉地・嬉野の「和多屋別荘」は昭和天皇も宿泊した由緒正しい宿。2万坪の敷地内を流れる嬉野川をまたぐように建ち、12階建てのタワー館は嬉野温泉のランドマークにもなっています。四季を彩る日本庭園や月見台、足湯、また館内にはスパ、レストラン、茶室、ブティックなどなど、一つの街のようにとにかく広くて迷子になりそう。昭和の面影を残し、日本の伝統美と現代的な感性が融合した空間が広がっています。

日帰り・立ち寄り入浴では大浴場の御影殿と露天風呂の浮世風呂、貸切湯、特別湯殿 心晶が利用可。御影殿はその名の通り、御影石と檜を使ったお風呂で幻想的な空間です。心晶は1人2000円ですが、その価値あり。無垢材《むくざい》の高い天井には釘が一本も使われず、壁は漆喰《しっくい》も用いたこだわりの建築法。全てがスタイリッシュで贅沢な空間です。広めの内湯の他に露天風呂、サウナ、水風呂もあります。嬉野温泉特有の柔らかくとろみのある"美肌の湯"は源泉かけ流しで、細かい湯の華が浮いています。泉質はナトリウム-炭酸水素塩・塩化物温泉、pH約8の弱アルカリ性。90%以上がナトリウムで純度が高く、重曹成分で石けんのように

離れ「水明荘」の特別貴賓室。様々なタイプの客室があります。

非日常を演出してくれるスパで
心身ともにリラックス。

これが名物
嬉野温泉湯どうふ!

汚れを洗い流し全身ツルツルに。湯に浸かっている時から肌が柔らかくなっている感じです。さらに、塩分が肌表面を薄く包み込み、乾燥を防いで保温してくれます。緑に囲まれた露天風呂は寝湯スタイルで、柔らかい檜とぬるっとした湯の肌触りが癖になる心地良さ。湯上がりは爽快、汗がひくとさらっとします。飲泉場もあり、胃・十二指腸潰瘍、耐糖能異常（糖尿病）、高尿酸血症（痛風）、便秘ほか、種々の適応症が認められています。

嬉野温泉の湯に含まれる重曹成分で豆腐の角が取れてとろとろになった名物の湯どうふを食べるのも忘れずに。立ち寄り湯を巡るなら「湯遊チケット」を利用するとお得。スタンプがたまればプレゼントも！

Kyoko's eye

- ★嬉野温泉を代表する由緒正しい老舗旅館
- ★「心晶」の特別な空間で贅沢な時間を!
- ★2万坪の広大な敷地で自然と歴史を感じる
- ★嬉野温泉名物の湯どうふを食べるのも忘れずに

温泉の感覚データ

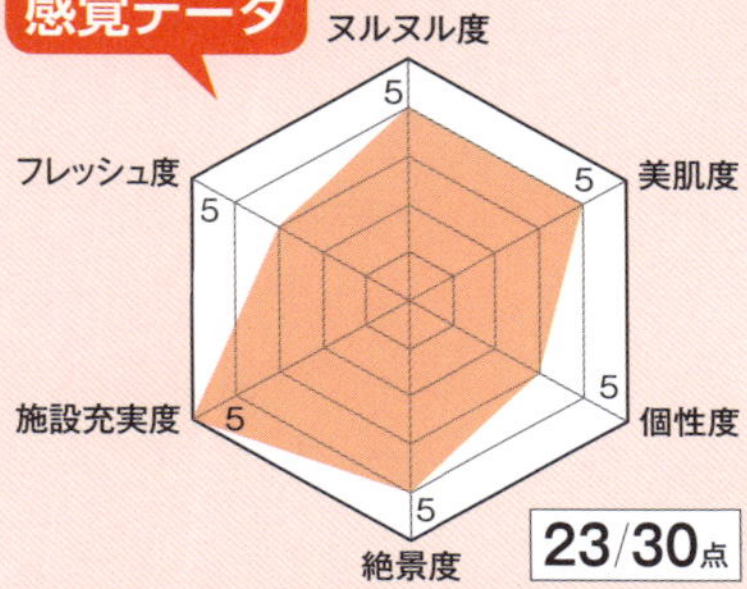

23/30点

泉質：ナトリウム-炭酸水素塩・塩化物温泉（低張性-弱アルカリ-高温泉）
泉温：68.6℃　**湧出量**：700ℓ/分
pH：7.91　**溶存物質総量**：1798mg/kg
色・香り・味：無色透明、薬臭、塩味・重曹味
湧出形態：動力揚湯

源泉かけ流し（加水）、自家源泉、サウナ、アメニティ（シャンプー、リンス、石けん、ボディソープ、ドライヤー）

DATA　宿泊・日帰り入浴可

☎0954-42-0210

住　所：佐賀県嬉野市嬉野町下宿乙738
営業時間：日帰り入浴〔大浴場・露天風呂〕11:30～23:00（受付終了22:00）・〔貸切風呂〕12:00～21:00（同20:00）
定休日：無休
客室数：129室
料　金：1泊2付き基本宿泊料1万6350円、日帰り入浴1000円
チェックイン：15:00　チェックアウト：10:00
風　呂：内湯男女各1、露天風呂男1女2、貸切風呂2（50分1500円/人）、特別湯殿「心晶」内湯男女各1・露天男女各1（日帰り入浴での利用は2000円、宿泊者は1000円）
食　事：和食の食事処「利休」では名物嬉野温泉湯どうふほか、レストラン「佐賀牛賓館」では佐賀牛を中心とした肉料理のメニューが豊富
駐車場：100台

心も体も肌もよみがえる！鶴が見つけた神秘の泉

足元湧出の名物「砂湯」はぜひ味わってほしい！

絶景
自然湧出
自噴
源泉100%
自家源泉
ぬる湯
飲泉
貸切風呂
日帰り
宿泊
得 P157

佐賀市 古湯《ふるゆ》温泉

鶴の恩返し よみがえりの宿 鶴霊泉《かくれいせん》

佐賀県北部の山峡にある古湯温泉は、国民保養温泉地の指定を受ける湯治場情緒の残るいで湯の里。江戸時代に鶴が傷を治したという開湯にまつわる故事が伝わり、画家の青木繁や歌人の斉藤茂吉らも訪れました。古湯には四つの源泉があり、その中で最も古い「鶴霊泉」に入れるのがここ。昭和の面影を感じさせる和モダンな宿です。敷地内には広い見事な日本庭園があり、老桜《ろうおう》、百日紅《さるすべり》、紫陽花《あじさい》、紅葉など、一年中その時々の自然が目を和ませてくれます。夜にはライトアップされて幻想的な空間に生まれ変わり、夏には蛍との出会いも。

湯は大変希少な自然湧出の足元自噴。砂を敷き詰めた湯底の岩盤から湧き出し、湧水のように澄んでいます。湯は空気に触れると一気に酸化するので、足元自噴は鮮度ピカイチ！無色透明・無味無臭、36℃ほどのぬるめで、癖のない肌なじみの良いお湯。ふんわりとした湯と肌を適度に刺激する砂のサラサラ感が、なんとも心地よいのです。腰かけのためか石がランダムに置いてあり、腰をかけてついつい砂遊びをしてしまいます。ぬるめなのでのんびり長時間浸かれて脱力。リラックスしすぎて、いつも眠ってしまいそうになります。この天然砂湯の横には循環の加温浴槽があるので、温冷交互浴もおすすめ。湯上が

ライトアップされた日本庭園が美しい貸切風呂「夕鶴の湯」からの眺め。

こだわりの客室でくつろぎの時間を。

夕食で堪能できる佐賀牛会席。

りは肌もよみがえったようにさらっとモチモチになります。心も体も肌もよみがえらせてくれるのです。また、池の鯉《こい》を間近に日本庭園を見ながら湯《ゆ》浴《あ》みできる貸切風呂「夕鶴の湯」は絶景。

料理人の会長と社長が自ら作る料理も絶品。肥前さくらポークや佐賀牛のしゃぶしゃぶ、有田鶏水炊き風鍋など、どれも美味です。特に佐賀牛は最高級のA5ランクで、箸で持ち上げるとほどける柔らかい溶けるお肉は至福。鶴が教えてくれた温泉を多くの人に伝えるのが宿側の恩返しといいます。若い人たちが親御さんを連れて恩返しに来てほしいというコンセプトなので、ぜひ大切な人と訪れてみては。

Kyoko's eye

★珍しい足元湧出の「砂湯」
★古湯温泉で一番古い「鶴霊泉」の湯と歴史に触れる
★四季折々の自然を眺められる日本庭園
★最高ランクA5の佐賀牛を堪能!

温泉の感覚データ

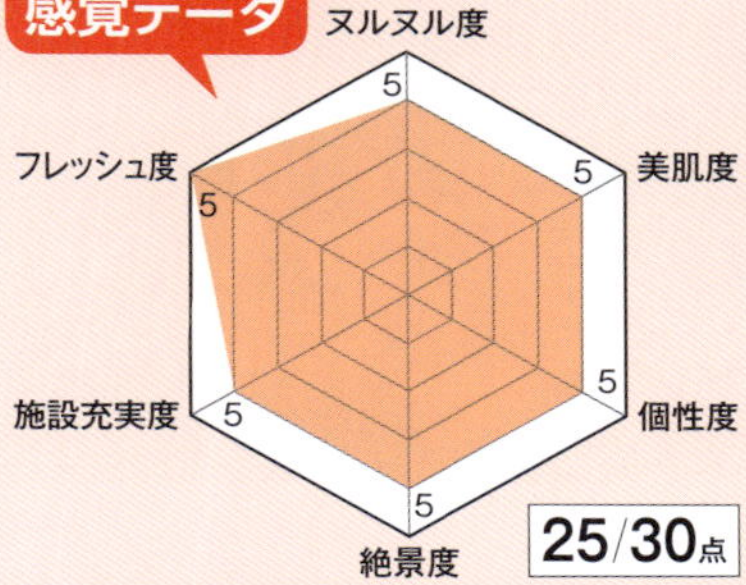

25/30点

泉質:アルカリ性単純温泉
(低張性-アルカリ性-温泉)
泉温:36.1℃　**湧出量**:測定不能
pH:9.62　**溶存物質総量**:137mg/kg
色・香り・味:無色透明、無味無臭
湧出形態:自然湧出(足元自噴)

源泉かけ流し100%、自家源泉、アメニティ(シャンプー、リンス、ボディソープ、ドライヤー)

DATA

宿泊・立ち寄り入浴可

☎0952-58-2021

住　　所:佐賀県佐賀市富士町古湯875
営業時間:立ち寄り入浴11:00〜14:00(以降は電話にて応相談)
定 休 日:不定休
客 室 数:10室(純和室3室、和洋室3室、貴賓室2室、団体室1室、大広間1室)
料　　金:1泊2食付き1万1900円〜(日曜祝日前は+3000円)、立寄り入浴大人1000円・子供500円
チェックイン:15:00　チェックアウト:10:00
風　　呂:内湯男女各1、貸切風呂2(2000〜2500円)
食　　事:佐賀牛会席、おまかせ会席、豚しゃぶ会席、田舎御前などの昼食プランがあり、貸切風呂が1500円に
駐 車 場:15台

日常の喧騒を
忘れさせてくれる
上質な大人の隠れ家

緑に囲まれた静かな岩露天風呂で上質な時間を愉しむ。

絶景
自家源泉
飲泉
露天風呂
日帰り
得
P157

佐賀市 熊の川温泉

湯泉郷《とうせんきょう》温泉館 湯招花《とうしょうか》

脊振《せふり》山地の麓・熊の川温泉は弘法大師が発見したと伝わり、湯治場として親しまれてきました。一番古い嘉瀬川《かせがわ》沿いの熊ノ川浴場はもともと自噴しており、30℃ほどのぬる湯で高アルカリ性の良質な湯。放射性物質(ラドン)も含んでいます。

「湯招花」は静かな山間の地にある品の良い純和風の日帰り温泉。落葉樹に囲まれ、初夏の新緑、秋の紅葉が美しく彩ります。大浴場の広めの内湯と露天風呂、五つの家族湯を源泉かけ流しで満たすことが出来るのは、43.1℃の適温と毎分500ℓの豊富な湯量だからこそなせる技。湯船からは惜しみなく湯がオーバーフローしています。無色透明・無味無臭、癖のない柔らかい湯で、肌触りはマイルド。pH9.34のアルカリ性ですがヌルヌル感は強くなく、湯上がりはさらっとしています。吉野石、天草御影石、檜を用いた大浴場と、檜の香に癒される立派な檜露天風呂。御影石など天然石を敷き詰めた岩大浴場と、木々に囲まれた岩露天風呂。「檜」と「岩」は男女日替わりです。料金が高めなので上質な時間を楽しみたい大人が多く、ゆったりのんびり出来るのも魅力。さらにプライベート空間を味わいたい人には、タイプの異なる離れの家族風呂も。天然ハーブサウナや水風呂、飲泉場もあります。温泉スタンドは24時間いつでもお持ち帰り可。

高級旅館を思わせるような品の良い純和風の建物。

檜の香漂う檜大浴場には露天風呂もあります。

離れの一つ、〇（えん）の家族風呂。

ラドンは16・4マッヘで療養泉（放射能泉）基準値の2倍あり、溶存物質242㎎の単純弱放射能泉。この放射能泉は希少です。気体なのですぐに空気中に飛散し成分が失われやすく、効果を得るためには循環していない鮮度の良いかけ流しであることが重要。そこで源泉から湯口まで空気に触れない状態で配湯しています。呼気からの吸入がベストなので、湯口近くや湯面ぎりぎりで深呼吸するのがおすすめ。放射能というと恐いイメージがありますが、多量だと人体に悪影響のものでも、微量だと人体に有益に働き（ホルミシス効果）、微量の放射性物質は適度に細胞を活性化、免疫力や新陳代謝をアップしてくれるといわれています。

Kyoko's eye

★湯量豊富な湯を源泉かけ流しでたっぷりと味わう
★自然に囲まれた上質空間で非日常を堪能
★希少敏感泉質「弱放射能泉」を体感
★プライベートで楽しみたければ、離れの家族風呂に

温泉の感覚データ

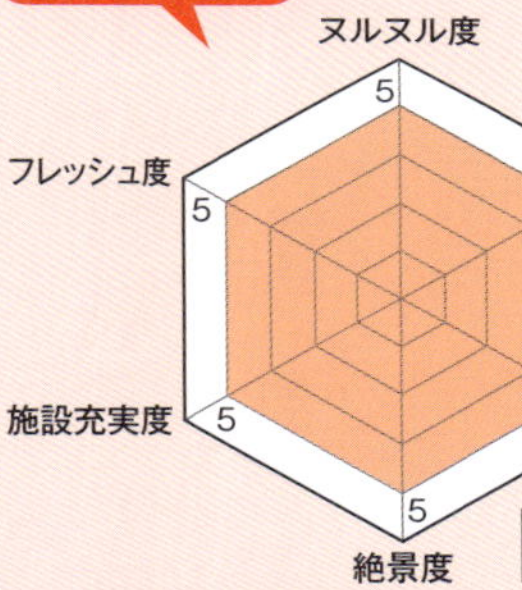

24/30点

泉質：単純弱放射能泉（低張性-アルカリ性-高温泉）
泉温：43.1℃
湧出量：500ℓ/分
pH：9.34
溶存物質総量：242mg/kg
色・香り・味：無色透明、無味無臭
湧出形態：動力揚湯（深度1050m）

源泉かけ流し（加温）、自家源泉、サウナ、打たせ湯、アメニティ（シャンプー、リンス、ボディソープ、ドライヤー）

DATA 日帰り入浴のみ

☎0952-64-2683

住　所：佐賀県佐賀市富士町上熊の川180-1
営業時間：10:00〜22:00
定 休 日：水曜（祝日は営業）
料　金：大人1200円、子供600円
風　呂：内湯男女各4、露天風呂男女各1、貸切（家族）風呂5（大2・小3、料金別途1500円・1000円）、タイプの異なる6棟の離れ（2名90分・4900円）
食　事：館内の食事処で湯招花膳（1200円）、にゅうめん膳、レモンステーキ膳の他、温泉水を使った挽きたてコーヒーなどが味わえる
駐 車 場：70台

地上No・1の温泉アイランド「九州」の湯

東海大学海洋学部教授
斉藤 雅樹
NPO別府温泉地球博物館理事

別府・海地獄にて。

離れてみて「良さ」がわかることがあります。私にとっての「九州」がまさにそれです。18年ほど住んだ別府から静岡に引っ越したのですが、温泉に毎日入れない生活になってしまいました。これは想像以上の苦痛で、九州を離れたのは大失敗なのでは?と自問自答する日々です。九州は「地上No・1の温泉アイランド」だと思います。

温泉の楽しみは湯の個性

ところで、私たちはなぜ温泉に行きたいと思うのでしょうか? 大きなお風呂、美しい景色、趣ある建物、旅館のおもてなし、イケメンのご主人に美しい女将さん……楽しいことは色々とありますが、やはり「お湯」の良さが一番です。どんなに立派な旅館でも、「実はここ、温泉が出なくて水道水の沸かし湯なんです」とカミングアウトされたらどうですか? 一気にテンションが下がりますよね。当たり前のことですが、温泉の本質は「お湯そのもの」なのです。お湯を大事にしない温泉地は、必ず失敗します。レストランが「味」を大事にしなければ、アッという間につぶれるのと同じです。

温泉のお湯は、人間と同じようにそれぞれ個性があります。硫黄の湯やにごり湯ならわかりやすいのですが、無色透明な温泉は「ただのお湯」に思えてしまいます。しかし、水道水とは全然違うのです。色や香りはしなくても、ちょっと味見をしてください。きっと驚くはず。塩味がしたり、苦みがあったり、酸っぱかったりと、天然温泉はかなり変な味がします。なかにはスープのような旨味を感じるお湯もあります。

そういう「湯の個性」を全身で楽しむ! これこそが温泉ならではの楽しみと言ってよいでしょう。ちょうど、ワインの好きな人が味や香りといった個性を楽しむのと同じですね。せっかく温泉に行きながら「きもちいーい」「あったかーい」の感想だけで終わってはモッタイナイ! このお湯がどういう個性なのか、色、香り、肌感覚、そして味を必死に感じ取りましょう。五感を研ぎ澄ませて頑張ると、初心者でもかなりのことがわかりますよ。そして、行く温泉、行く温泉、みんな個性が違うことが面白くて、すっかりハマっているうちに気がついたら「温泉通」と呼ばれるようになるのです。

きっかけは塚原温泉火口乃泉

そんなディープな温泉めぐりをするには、九州はまさにうってつけ！　お湯が個性派ぞろいで温泉通が泣いて喜ぶところ、それが「温泉アイランド」九州なのです。この本を片手にたくさん温泉を楽しんでください。全部めぐればきっとアナタも「温泉通」ですよ！

　私が温泉にハマるきっかけになったのは「塚原温泉火口乃泉」（大分県由布市）です。ここは本当に驚きました。舐《な》めてみたら驚くほど酸っぱい！　日本屈指の酸性の強さでありながら、硫黄、鉄、アルミなど色々な成分をたくさん含んでいて、酸味のみならず苦味、甘味など複雑怪奇な味が口中に広がるのです。

　ここでちょっと実験。ペットボトルの緑茶を3㎝残しておいて、ここのお湯を加えてみると、一瞬で真っ黒に！　お茶のタンニンが温泉に大量に含まれる鉄分と反応したのです。卵をゆでると、なんと3時間で殻が溶けてゴムまりのようなブヨブヨ物体に。それほど強烈なお湯に全身を沈めると、身体が溶けそうな刺激とアブナい心地よさを感じます。文字どおり活火山のすぐ下にある温泉で、徒歩5分ほどで伽藍岳《がらんだけ》の小さな火口がボコボコと熱泥を噴いている様子が見学できます。

伽藍岳火口。塚原温泉火口乃泉はこの近くから源泉を引く。

極上名湯の宝庫・九州

一方、アルカリ性の湯はつるつるヌルヌルして気持ちのよい「美人の湯」。九州の西側は「美人の湯」の集積地であり、佐賀から熊本、鹿児島と新幹線に沿ってヌルヌル温泉がたくさん楽しめます。嬉野《うれしの》、山鹿《やまが》、人吉、そして鹿児島一帯まで、さながら「美人の湯ベルト地帯」！　同じヌルヌルでも、肌に細かい泡がビッシリ付着してベルベットフィールになる湯、ふんわりと上品に硫黄が香る湯、そして甘くアブラっぽい芳香ただよう褐色のモール泉と、個性あふれる名湯が次から次へと登場してヨダレが出そうになります。

　そして、九州名物と言ってよい変わり種温泉が「透明な青色湯」。なんと、全くの天然100％で透き通った青く美しい温泉がこの世にあるのです。温泉大国ニッポンの中でも、こんなに集まっているのは大分の別府・由布院から熊本のはげの湯に至るエリアだけ！　お湯の中に多量に浮遊するシリカ微粒子が青い光を反射する珍しい現象が起きているのです。

　このほか、九州にはドロドロの泥湯、砂に埋もれる砂湯（砂蒸し）、海水より濃い塩化物泉、イチョウの実のような異臭の湯、そしてイチ、ニ、サンッと数えると身体が真っ白に泡にまみれる強烈な炭酸泉など、個性豊かな極上名湯の宝庫。こんな奇跡的な島が地球上にあったのか！　という感動を覚えてしまいます。アナタが温泉好きなら、九州の名湯群を知らないまま人生を過ごすのは一大損失と断言します。さあ、思い立ったら吉日、湯めぐりに旅立ちましょう！

北出♨コラム⑤

温泉で体質が変わり、超健康体に！

多彩な個性を持つ奥深さも、温泉の魅力の一つです。

私が温泉に感じる魅力――それは温泉自体の不思議で奇跡的で、そして奥深いところなのかもしれません。温泉は地球の奇跡が生んだ恵みです。50年から100年、あるいはもっと前に地中にしみ込んだ水が、時間をかけて生成され、地中で温められて地上に湧き出たものです。その水は昔はとても貴重なもの、神聖なものとして扱われ、かつては参拝の前に身を清めるのに使われたほか、湯治に利用され、入浴や飲泉によって傷を癒し命も救いました。そんな日本の文化であり財産である温泉に、入浴などを通じて直接触れることで受ける恩恵は計りしれません。

私は子どもの頃、体が弱く病気がちで体温も血圧も低かったのですが、温泉に入るようになってからは体温が1℃ほど上がり、仕事柄不規則な生活を送っていても病気をしにくくなり、健康体に。女性特有の日常的な症状もなくなりましたし、肌荒れもしなくなったどころか、化粧品に気を使わなくても、肌が以前より若返ったような気がします。これは間違いなく温泉に入り続けている恩恵だと思っています。

そんな地球が育んだ奇跡の恵みである温泉は、地域や環境によって、あるいは生み出される時の様々な条件によって、いろいろな個性を持っています。温度、溶け込んでいる物質の種類や量、pH、色、香り、味……一口に「温泉」といっても、その個性は無数といえるほどに多様で、一つとして同じものはありません。どんなに数多くの温泉に入っても、入るたびに違う新しい温泉と出会えるので、いつも新鮮でワクワクしますし、次はどんな温泉に出会えるのか楽しみで仕方ありません。

九州の温泉の魅力は、泉質も源泉数も豊富なだけでなく、その泉質のシンプルさでしょうか。九州は様々な泉質を体験し、温泉の基礎を学ぶにはとても良い場所です。九州から全国、そして海外の温泉にまで入って、九州の温泉の良さをあらためて感じています。

福岡県

あおき温泉（久留米市）

六峰舘（朝倉市 原鶴温泉）

ホテルグランスパアベニュー 幸楽の湯（朝倉市）

博多湯（筑紫野市 二日市温泉）

博多温泉 富士の苑（福岡市）

源泉かけ流し100%に
徹底的にこだわる
地元に愛される温泉

鉄平石の女性露天風呂で美肌効果を存分に味わう。

源泉100%
自家源泉
熱(あつ)湯
露天風呂
日帰り

福岡県 久留米市

あおき温泉

のどかな田園風景の中にぽつんと建つ、知る人ぞ知る穴場温泉。地元の方々に愛され、クチコミだけで広がり温泉マニアにもファンが多い。家具の産地・大川出身のご主人はもともと木工匠《もっこうしょう》。田んぼしかないこの地を掘ったところ、想像以上の良い湯が出たそうです。開業当初から営業時間を遅らせても一滴たりとも加水をしない、一日たりとも清掃を怠らないというポリシーを貫き、日々変化する湯と向き合って利用者の笑顔のために尽力しています。

源泉温度66・3℃の湯を熱交換器を利用し、温度を下げてかけ流し。湯量が豊富で浴槽とのバランスが良く、新しい湯が次々に注がれてオーバーフロー、常に新鮮なお湯を味わえます。内湯は2槽に分かれており、湯口近くの小さな浴槽は44℃のあつ湯、メインの広い浴槽は湯口近くは43℃、湯口から離れた端は41℃。自分好みのポジションで入浴できます。泉質は含硫黄-ナトリウム-塩化物・炭酸水素塩泉、pH8・8のアルカリ性。硫黄成分は血管拡張作用があるため血行を促進し、塩化物泉は温まりやすく保温効果があります。私は湯口に一番近い新鮮なお湯に浸かり、熱くなってきたら隣の水風呂に。これを何度も繰り返す「温冷交互浴」

でさらに血行が促進され、むくみの改善やデトックス効果も期待できます。軽い上半身のストレッチや足首をぐるぐる回すと、その効果がアップ。また、アルカリと硫黄と重曹泉の作用で全身ツルツル！ ほんのりとした品の良い芳香と包み込むような柔らかな浴感の湯は、淑女を思わせます。シャワーにも新鮮な還元性の温泉が使われているので、女性は顔を含めて全身でたっぷりと美肌効果を感じてください。湯上がりはしっとりピカピカ肌の出来上がり！

豊富な食事メニューの中でおすすめは「あおき温泉定食」（700円）。リーズナブルなのにボリューム満点、お米がとにかく美味しくて、ついついおかわりしてしまいます。ちなみにテーブルなどはご主人の手作りです。

気どりのないシンプルな造り。

すっきりとした男女別大浴場。

無料休憩所（大広間）ではカラオケもできます。

Kyoko's eye

★鮮度の良いお湯がオーバーフロー
★温冷交互浴で血行を促進してデトックス&むくみ改善
★しっとり&つるつる！ 女性に嬉しい美肌泉質
★入浴とともにボリューム満点の食事も

温泉の感覚データ

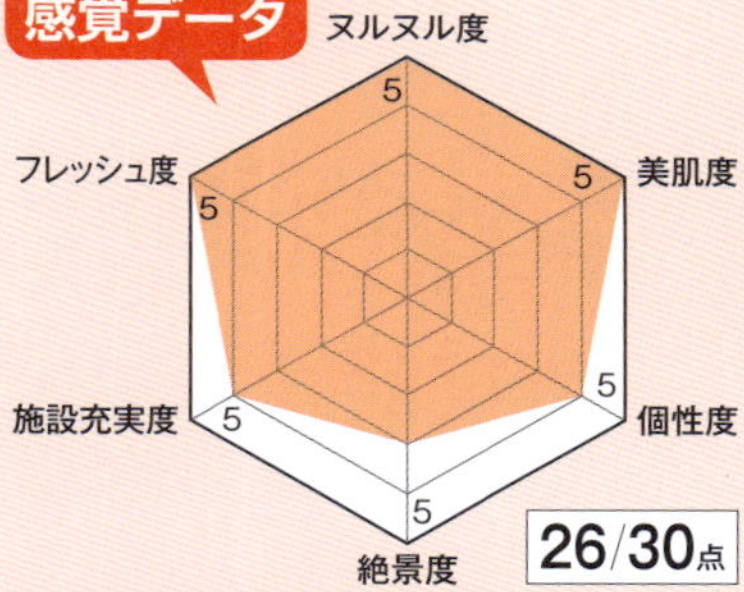

26/30点

泉質：含硫黄-ナトリウム-塩化物・炭酸水素塩泉（低張性-アルカリ性-高温泉）
泉温：66.3℃
湧出量：200ℓ/分
pH：8.8
溶存物質総量：1590mg/kg
湧出形態：動力揚湯（深度1315m）
色・香り・味：無色透明、モール臭・微硫化水素臭、塩味・甘味

源泉かけ流し100%、自家源泉、サウナ、アメニティ（シャンプー、リンス、ボディソープ、ドライヤー）

DATA 日帰り入浴のみ

☎0942-62-1426
住　所：福岡県久留米市城島町上青木366-1
営業時間：10:00～22:00
定 休 日：水曜（祝日の場合は営業）
料　金：大人500円、こども（4歳～中学生）300円
風　呂：内湯男女各1、露天風呂男女各1
駐 車 場：100台

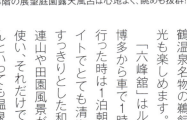

博多の奥座敷にある「W美肌の湯」

4階の展望庭園露天風呂は心地よく、眺めも抜群!

絶景
自家源泉
露天風呂
日帰り
宿泊
得 P157

福岡県 原鶴温泉（朝倉市）

ほどあいの宿 六峰館

大分との県境に近い、筑紫《ちくし》平野の東端に位置し、九州最大の川・筑後川《ちくごがわ》の河川敷に建ち並ぶ原鶴温泉。開湯の由来は河川敷の原っぱの湯で鶴が傷を癒していたことから。河川敷沿いに水脈があるため湯量が豊富で、江戸時代には至る所から温泉が自噴し、博多の奥座敷として栄えたといいます。フルーツの里としても有名で、夏から秋にかけては巨峰・梨・柿狩り、5月~10月は筑後川の鮎《あゆ》が解禁となり、屋形船に乗って鵜《う》が鮎を取る様子を見られる原鶴温泉名物の鵜飼漁など、温泉とともにグルメや観光も楽しめます。

「六峰館」はルーツが明治前期という老舗旅館。博多から車で1時間ほどとアクセスも良く、初めて行った時は1泊朝食付きのプランでした。ダウンライトでとても清潔感のあるエントランス、明るくすっきりとした和室。部屋からは筑後川越しに耳納《みのう》連山や田園風景が見えます。朝食も質の良い食材を使い、それだけでも食べに行きたいくらい。そしてなんといっても温泉が私好み。露天風呂は澄んだ風が

筑後川沿いに旅館が建ち並ぶ原鶴温泉。

1階には大浴場の檜風呂（写真）と竹炭風呂が。

源泉かけ流し露天風呂付きの特別室。

吹き抜け、筑後川の水面がキラキラしてなんとも気持ちよいのです。耳納連山に沈んでいく夕日が筑後川を赤く染め、その景色を見ながら入浴出来る贅沢！ 無色透明で硫化水素臭が風に乗って品よくふんわりと香り、細かな湯の華が舞い、肌にまとわりつくトロトロの湯。このシンプルで癖のない優しい湯だからこそ、心も体も穏やかに包んで解き放してくれるのです。泉質はpH8・7のアルカリ性単純硫黄泉、総硫黄2・9㎎で溶存物質は820㎎。硫黄成分を含むアルカリ性の湯なので、余分な皮脂や古くなった角質を洗い流してくれ、さらにメラニンの分解作用があるとされ、美白効果も期待出来ます。湯上がりはポカポカスベスベ美肌に。

4階には展望の庭園露天風呂と檜露天風呂、1階には大浴場の檜風呂と竹炭風呂、テラスには有田焼を使った足湯があります。湯温、アクセス、コスト、料理が程よく、各種の日帰りプランも。

Kyoko's eye

- ★湯上がりスベスベ！ 美肌&美白の湯
- ★河川沿いからのどかな風景を望める露天風呂
- ★料理が美味しくランチも大人気！
- ★福岡市内から車で1時間の好立地

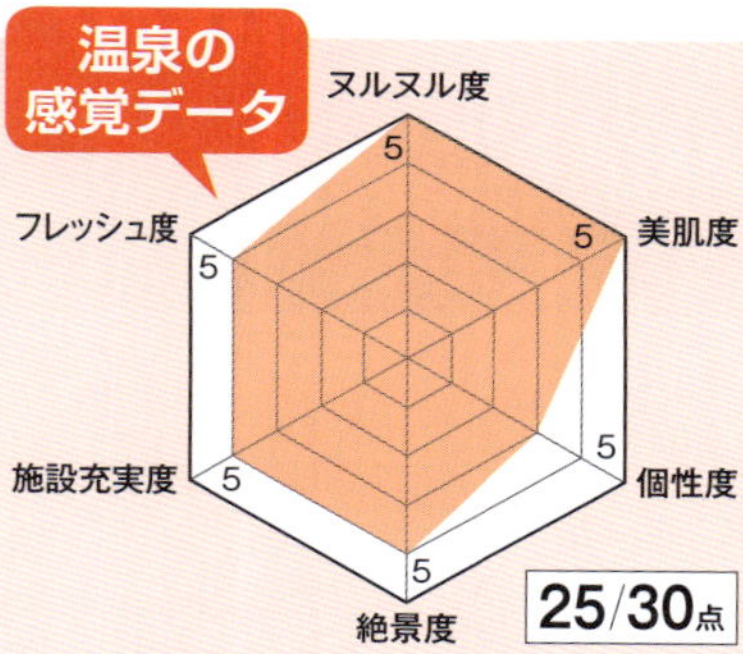

泉質：単純硫黄泉（低張性-アルカリ性-高温泉）
泉温：58.0℃　**湧出量**：200ℓ/分
pH：8.7　**溶存物質総量**：820mg/kg
色・香り・味：無色透明、硫化水素臭、甘味・微苦味
湧出形態：動力揚湯（深度150m）

源泉かけ流し（加水）、自家源泉、アメニティ（シャンプー、リンス、ボディソープ、ドライヤー）

DATA　宿泊・立ち寄り入浴可

☎0946-62-1047

住　　所：福岡県朝倉市杷木久喜宮1840
営業時間：立ち寄り入浴11:00～15:00（予約状況により変更あり）
定 休 日：不定休
客 室 数：33室（うち露天風呂付き3室、桧風呂付き6室）
料　　金：1泊2食付き1万3110円～、立ち寄り入浴800円
チェックイン：15:00　チェックアウト：10:00
風　　呂：内湯男女各1、露天風呂男女各1、足湯
食　　事：入浴・食事・部屋がセットになった各種日帰りプランあり
駐 車 場：60台

pH10.0!
九州トップクラスの湯量を誇る
ビジネスホテルの中の温泉

バリエーション豊かな11種の貸切家族風呂の一つ。

自家源泉
熱(あつ)湯
露天風呂
貸切風呂
日帰り
宿泊
得 P157

福岡県 朝倉市

ホテルグランスパアベニュー 幸楽の湯

九州自動車道甘木ICから車で5分、西鉄・甘木鉄道の二つの甘木駅からそれぞれ徒歩2分とアクセス抜群。国際観光ホテルでもある10階建てのビジネスホテルの中にあるのが「幸楽の湯」です。普通のビジネスホテルの大浴場かと思いきや、お湯の上質さに驚きます。ホテルの敷地内に自家源泉を所有し、地下800mまで掘削。九州でもトップクラスの毎分882ℓの湯量を誇ります。大浴場、女性専用露天風呂、11タイプの貸切家族湯の全てのお湯をまかない、浴槽からドバドバとオーバーフローしながら贅沢にかけ流されています。さらに驚くのがツインとダブル、スイートの各部屋のユニットバスまでもが温泉なのです。

泉質はpH10.0のアルカリ性単純硫黄泉で、細かな湯の華が舞うヌルヌルっとした透明な湯。溶存物質総量201㎎、総硫黄2.1㎎と成分は優しいながら、はっきりと硫化水素臭が感じられます。強アルカリ性の湯は少し浸かってから洗う時に皮膚を触ると、アカスリのように古くなった角質が剥がれ落ちます。なので、私は撮影やデートなど肌をリセットしたい大切な日の前にこの温泉を利用します。肌のコンディションが悪くザラザラ感がある時は効果テキ

シンプルで小ぎれいな女性専用露天風呂で肌をリセット！

かけ流しの湯を存分に愉しめる大浴場。

清潔ですっきりした貸切家族風呂の部屋（一例）。

メン！湯上がりはツルツルピカピカ、肌が生まれ変わったようです。さらにポカポカでとても温まります。ただし、強アルカリ性のお湯は肌に刺激があるため、乾燥肌には要注意。湯上がりにすぐ、しっかりと保湿することをお忘れなく！

テレビや冷蔵庫、洗面所やトイレも完備の休憩室付き貸切家族風呂もおすすめで、新鮮なお湯をのんびりと堪能できます。宿泊できる貸切家族風呂もあり、22時以降は予約すれば低料金で利用可。サウナ、無料休憩スペース、食事処、エステ、健康マッサージなどの施設も充実しており、各種休憩プランも。リーズナブルに温泉三昧を満喫できる絶好の穴場です。

Kyoko's eye

- ★市街地のビジネスホテルにある源泉かけ流しの天然温泉
- ★駅からすぐ、インターから降りてすぐのアクセスの良い好立地
- ★硫黄香るpH10.0の強アルカリ性のお湯で肌をリセット!
- ★客室（シングルは除く）のユニットバスまで温泉

温泉の感覚データ

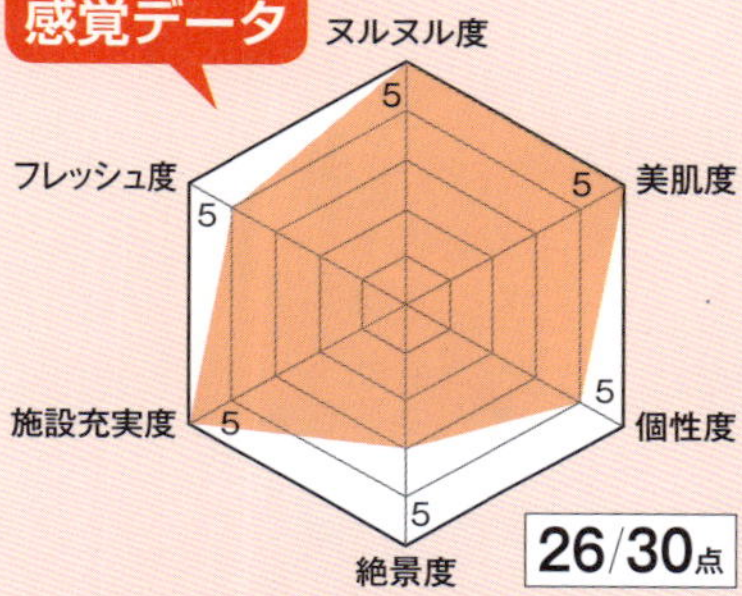

26/30点

泉質：アルカリ性単純硫黄泉
（低張性-アルカリ性-低温泉）
泉温：30.4℃　**湧出量**：882ℓ/分
pH：10.0　**溶存物質総量**：201mg/kg
色・香り・味：無色透明、硫化水素臭、たまご味・甘味・少苦味
湧出形態：動力揚湯（深度800m）

源泉かけ流し（加温）、自家源泉、サウナ、アメニティ（シャンプー、リンス、ボディソープ、ドライヤー）

DATA　宿泊・日帰り入浴可

☎0946-22-1215
住　所：福岡県朝倉市甘木1677-2
営業時間：大浴場6:30～23:00、貸切風呂および女性専用露天風呂10:00～22:00
定休日：無休
客室数：105室（シングル、ダブル、ツイン、リラックスシングル、スイート）
料　金：1泊朝食付きシングル5900円・ツイン1万4400円、外来入浴料大人800円
チェックイン：16:00　チェックアウト：10:00
風　呂：内湯男女各1、女性露天風呂1、貸切風呂11（60分、1350円～）
食　事：メニュー豊富な和風レストラン「茶寮 大番（おおばん）」がある
駐車場：150台

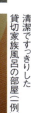

歴史と名湯に浸れる
芳醇《ほうじゅん》な香りの湯

鮮度良し&たっぷりのいで湯で、すっきりサラサラ肌に。

源泉100%
自家源泉
飲泉
日帰り

福岡県 二日市温泉（筑紫野《ちくしの》市）

博多湯

福岡市の中心・天神の南東15㎞、車で40分ほどの二日市温泉。宝満山《ほうまんざん》の麓にあり、開湯は約１３００年前の奈良時代です。『万葉集』にも歌われ、夏目漱石も新婚旅行で訪れたとか。近隣には九州で最古のお寺・武蔵寺《ぶぞうじ》もあります。

二日市温泉の立ち寄り湯は御前湯《ごぜんゆ》、扇屋旅館、博多湯の3カ所。「博多湯」は幕末（１８６０年）の創業以来１５０年以上続き、当時の趣が漂う歴史ある3階建ての木造の建物が目を引きます。昔の造りのまま半地下に下りていく風情たっぷりの浴室には、芳醇なモールの香りとほのかな硫化水素臭が充満。源泉は浴室のすぐ隣で、地下２６０mからそのまま湯口へと運ばれていて鮮度抜群。かけ湯を見ると、鮮度の良い温泉の特徴でもある細かな泡付きもあります。広い湯船に湯口からドバドバと滝のように湯が流れ出ています。泉温が42℃と適温で、湯量豊富だからこそ出来る源泉１００%を贅沢にかけ流し。肌触りの良い石に囲まれた浴槽のお湯に浸かり、昔からの柱や梁《はり》、高い天井を見上げながら、歴史に想いを馳せてゆっくりと入浴が出来ます。ラドン

雰囲気のある博多湯の外観。

休憩所も木のぬくもりを感じられ安らぎます。

風情のある内湯でゆったり過ごしたい。

と硫黄成分を微量に含む湯で、pH8.2の弱アルカリ性にしては浴感がさらりとしています。手のひらがキュッキュとして余分な皮脂が取れる感じで、湯上がりは肌が柔らかくなり、すっきりサラサラ肌に。

建物は11年前に大改装し、地元の建材にこだわり、梁、カウンター、浴室、ベンチ、階段手すりなど、英彦山《ひこさん》・天拝山《てんぱいざん》の杉を使用。リーズナブルでスタッフの接客も素晴らしく、木と人のぬくもりを感じさせる、地元の方々に愛されている温泉です。入浴だけでなく、飲泉可能な持ち帰り湯も用意され購入可(2ℓ・100円)。氷まで温泉で作ったまろやかな"源泉コーヒー"もおすすめです。

Kyoko's eye

★江戸時代からの趣に包まれ、歴史に想いを馳せながら入浴

★余分な皮脂が取れ、湯上がりサラサラ肌に!

★鮮度の良いフレッシュな湯が湯量豊富でオーバーフロー

★2階の無料休憩スペースで源泉コーヒーを飲むべし!

温泉の感覚データ

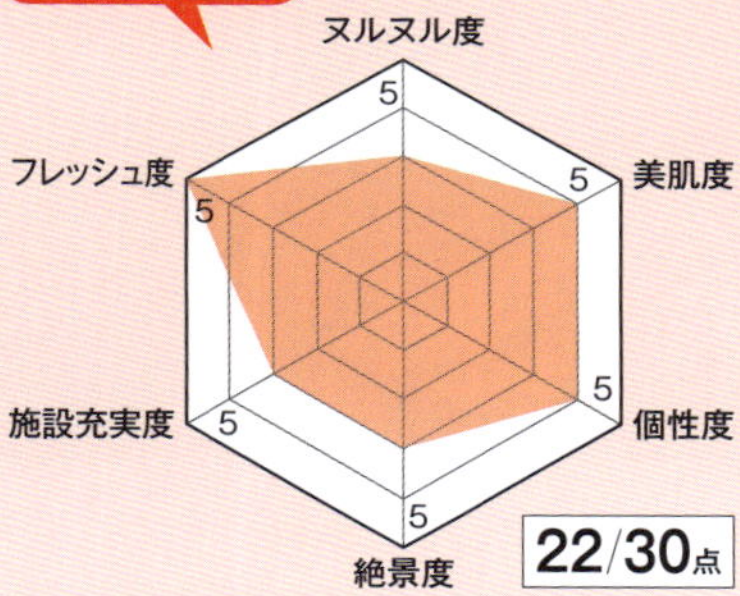

22/30点

泉質:単純温泉
(低張性-弱アルカリ性-高温泉)
泉温:42.0℃
湧出量:157ℓ/分
pH:8.2
溶存物質総量:620㎎/kg
色・香り・味:無色透明、モール臭・金気臭《かなけしゅう》・微硫化水素臭、甘味・鉄味・微たまご味
湧出形態:動力揚湯(深度260m)

源泉かけ流し100%、自家源泉、アメニティ(シャンプー、リンス、ボディソープ、ドライヤー)

DATA

日帰り入浴のみ

☎092-922-2119

住　所:福岡県筑紫野市湯町1-14-5
営業時間:9:00〜21:00(20:30受付終了)
定 休 日:無休
料　金:大人300円、子供(0歳〜小学生)150円
風　呂:内湯男女各1
食　事:温泉蒸したまご100円、温泉水を使ったコーヒー(HOT・アイス)100円
駐 車 場:無(近隣に有料駐車場あり)

福岡市内の隠れた名湯！「五つ星」の天然温泉

寝湯タイプの露天風呂で、ゆったりまったりのびのびと。

源泉100%
自家源泉
濃厚
ぬる湯
熱（あつ）湯
飲泉
露天風呂
日帰り
宿泊

福岡市南区

博多温泉 富士の苑

博多駅の南西6㎞、西鉄大橋駅に程近い那《な》珂《か》川《がわ》河畔の静かな地にあり、福岡市内から温泉に入りたいと思ったら気軽にすぐに行けます。そんな都会にある温泉施設では無類の、日本温泉協会が定める天然温泉の評価が全国でも数少ない最高評価の「五つ星」。加水・加温をしていないのはもちろんのこと、泉質も抜群の源泉かけ流し100％の天然温泉なのです。宿泊は素泊まりなら5400円～とリーズナブル。隣にゴルフ練習場（打ちっぱなし平日3時間1000円、プラス100円で入浴可）も併設しています。

浴室内はスチームサウナのように湯気が充満。浴槽は一番風呂（44℃）、二番風呂（41℃）、露天風呂（37℃）の三つに分かれ、水風呂もあるので、温度の異なる好みの浴槽に入れ、飲泉も可。一番風呂の奥には低温サウナ室もあります。

一番風呂（ここの「一番湯」がおすすめ！）だけガラスに囲まれており、小さめの浴槽にはライオンの湯口から、まさにライオンが吠えているような迫力あるゴボゴボという音とともに湯が注がれています。サラッとした何の変哲もない浴感ですが、じわじわと疲労物質が流れ出ていく感覚。一番風呂は蒸気浴と同じくらいの湿度と高温浴なので、のぼせ

内湯の二番風呂（41℃）の右手には一番風呂が。

博多郊外の富士の苑は気軽に行ける都会の温泉。

人気の温泉御前に大満足!

そうになったら寝湯タイプの露天風呂へ。薄暗く狭い浴室から明るい露天風呂へ出た時の解放感がたまりません。温度もぬるく寝湯なので、体への負担も少なく長時間入浴できます。

お湯にこだわり、鮮度を保つための独自システムも設置。塩化物泉なので、湯上がりはお肌しっとり&汗が止まらないほどポッカポカに。高鮮度の還元性の湯なので、生まれ変わったようにピカピカ肌になります。ポカポカになった後、"湯上がりアイスキャンディー"を買って食べながら帰るのが好き!

Kyoko's eye

★福岡市街からのアクセス良好! 最高評価の「五つ星」が自慢の天然温泉
★宿泊者特典! 7時ジャストに浴室へダッシュ! 鮮度抜群の「一気風呂」に入るべし!
★大掃除の火曜日のみ16時に行けば、日帰り入浴でも「一番湯」に入れる
★一番フレッシュな湯が味わえる高温の一番風呂にチャレンジしよう
★ゴルフと温泉が好きなら一石二鳥でお得

温泉の感覚データ

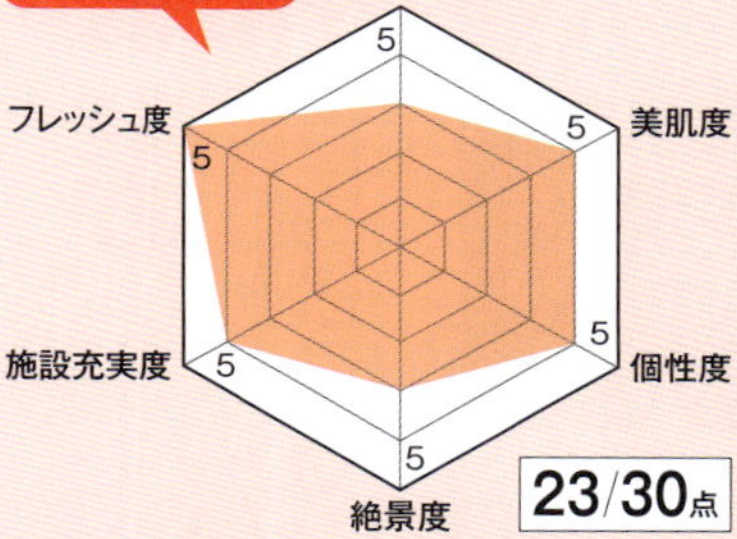

23/30点

泉質：カルシウム・ナトリウム-塩化物泉（低張性-中性-高温泉）
泉温：45.4℃　湧出量：100ℓ/分
pH：7.2
溶存物質総量：5580㎎/kg
色・香り・味：無色透明、無臭、強塩味・強苦味
湧出形態：動力揚湯（深度102m）

源泉かけ流し100%、自家源泉、寝湯、アメニティ（シャンプー、石けん、ドライヤー）

DATA　日帰り・立ち寄り入浴可、宿泊

☎092-551-4126

住　所：福岡県福岡市南区三宅3-19-7
営業時間：10:00～22:00
定休日：火曜（ただし宿泊・温泉入浴は16:00以降営業）
客室数：10室（和室）
料　金：1泊2食付き9350円～・素泊まり5400円～、日帰り入浴大人800円、立ち寄り入浴（平日）大人1時間400円～
チェックイン：16:00　チェックアウト：10:00
風　呂：内湯男女各1、露天風呂男女各1
食　事：休憩スペースで食べられる温泉御前（2100円）はボリューム満点
駐車場：60台

温泉とのつきあい方

温泉ソムリエ 家元
遠間《とおま》 和広

熊本県の上天草温泉郷でゆるキャラ「上天草四郎くん」に温泉ソムリエ認定書を手渡す。

プラス思考・明るい気持ちで

　私は温泉ソムリエ家元として全国を飛び回り、温泉ソムリエ認定セミナーの講師をしています。「温泉の知識」と「正しい入浴法」を伝えるのが主な仕事です。そんな中で、温泉ソムリエになろうとしている方々にいつもお伝えしているのは、「プラス思考で温泉とつきあおう」ということです。

　これが、最高の「温泉とのつきあい方」だと考えています。心が明るくなれば健康にもなれますし、それが笑顔につながり、美しくもなれます。ですから言葉を変えれば、最高の「温泉とのつきあい方」は「明るい気持ち」で温泉に入ることということになります。

　私の持っている九州の温泉のイメージは、ズバリ！北出恭子さんのように「明るい！」ということです。九州の温泉はその土地が持つ雰囲気の明るさもあるのですが、「人」が明るいのでしょう。そこに訪れる人々をも明るくしてくれます。

温泉分析書や湯の色に注目！

　さて、ここで温泉ソムリエらしい具体的な話をしましょう。温泉に入る前には必ず「温泉分析書」を読んでください。これが「温泉とのつきあい方」の第一歩です。

　温泉分析書は脱衣場など入浴客の目につくところに貼ってあります。その中の「泉質別適応症」を読んでみてください。そこに書いてあることが、その温泉の本来の効果です。「プラス思考」で書いてあることを信じて入浴するのです。「そんな効果があるわけない！」などと考えて入浴するより、効果を信じて入浴する方がはるかに大きな効果が得られます。その温泉の具体的な効果を知らないで入浴するのはもったいないです。

ただし、温泉の素晴らしい効果でありながら、温泉分析書の「適応症」には書かれていないことがあります。それが「美肌効果」です。つまり、「美人の湯」であるかどうかは「適応症」を読んでもわからないのです。

そこで、覚えていただきたいのが「三大美人泉質」です。「炭酸水素塩泉」「硫酸塩泉」「硫黄泉」がそれに当たるのですが、この三つの泉質のうち一つでも泉質名に出てくれば「美人の湯」です。ですから、温泉分析書の「泉質名」を見て、「美人の湯」であるか確かめていただきたいのです。もし「美人の湯」であることがわかったら、「肌が美しくなり美人になれる！」と思い込んで入浴するのです。やはり「美人の湯」も、その効果を信じてくれる人により大きな効果を与えてくれるようです。幸い九州には「三大美人泉質」がすべてあります。

もう一つ温泉分析書で見ていただきたいのは、「水素イオン濃度」という項目です。「pH値」のことです。アルカリ性の温泉は三大美人泉質のように美肌効果があるのですが、「pH値が7・5以上なら美肌効果あり！」と覚えましょう。この数字が大きいほど肌のツルツル効果が高くなります。

次は温泉分析書から離れて、色で温泉の効果を見極めるコツです。「乳白色」の温泉は糖尿病、高血圧症、動脈硬化症に効果的なので「生活習慣病の湯」と言えます。「茶褐色」の温泉は鉄分を多く含んでおり、冷え性、月経障害、貧血、更年期に効果的なので「女性の湯」と言えます。「コバルトブルー」や「エメラルドグリーン」といった色鮮やかな温泉は、美肌成分が入っているので「美人の湯」と言えます。九州は泉質の宝庫なので、温泉の色もバラエティに富んでおり、色で温泉を楽しみながら効果を得ることができます。やはり九州の温泉は、色も「明るい」のです。

笑顔で入って美と健康を

さあ、温泉分析書の読み方や色で温泉の効果がわかるようになったら、いよいよ入浴です。私がおすすめしたい「温泉とのつきあい方」の一つが「笑顔入浴法」です。これはある医師の知人に教えてもらったのですが、笑うと免疫力が上がると言うのです。ただ、笑えるような気分になれないこともあります。そんな時は「つくり笑い」でいいと言うのです。「つくり笑い」でも免疫力は上がるとのことです。ですから、入浴中は温泉の効果を信じてニコニコしていれば、健康にもなり美しくもなれるのです。

北出恭子さんの美しい笑顔……もしかしたら、温泉の力を信じて入るという「プラス思考」で、「正しい温泉とのつきあい方」をしている証しなのかもしれません。さあ！九州の〝絶品〟で「明るい温泉」に、「明るい気分」で入浴しましょう！

鹿児島県の垂水(たるみず)温泉郷で開催された温泉ソムリエ認定セミナーの入浴実技講座の様子。

北出♨コラム⑥

私の夢、温泉の未来へ！

豊礼の湯でのロケ風景。これからも“温泉いのち”で走り続けます！

私にとって自分の使命は、温泉と関わりを持って生きていくことだと思っています。それまでの人生で特に熱中するものがなかった自分が、ある日突然、温泉に魅了され、飽きることなくのめり込んでいるのは、もう奇跡的といいますか、運命的なことだと思っています。

私はタレントなので、その仕事を生かし、言葉によって温泉の素晴らしさを人々に伝えられればと思っています。温泉といえば中高年の方が疲れを癒しに行く所……といったイメージをお持ちの方も多いかと思いますが、私自身が体感したように美容にも良いほか、女性特有の体の悩みにも効果があるので、若い女性にもぜひ行ってほしいのです。不思議な力を持つ温泉の魅力を、もっと多くの人に知ってほしい。タレントとして、そんなメッセージを世界中の人々へ発信していきたいと思います。

また、数多くの温泉を回り、いろいろな方のお話を聞くなかで、温泉施設を維持していくことの大変さを知りました。とても良い泉質、とても良い施設なのに経営が苦しかったり、後継者がいなかったりして廃業に追い込まれる施設がたくさんあることが、とても残念でなりません。このような状況をなんとかできないかと考え、つい最近のことですが、温泉を通じてご縁ができた方々と一緒に「Spring Labo.」という会社を立ち上げました。その目的は「温泉文化の継承と発展」です。例えば、多大な時間や労力、費用がかかる温度調節を安価で行うための環境整備や開発、温泉関連の特産品の普及・開発による施設を支える副収入の確保、国内外に向けての温泉地のPRや観光ツアー企画による地域活性化など……やるべきことはたくさんあります。全てはまだ夢の段階ですが、それら一つひとつを実現して日本の宝である温泉を次世代につないでいくとともに、人と温泉との懸け橋になりたいと思います。

神懸かり的なきっかけで温泉に引き寄せられ、今では温泉が無い生活なんて考えられないほど、温泉が大好きな私は「温泉の神様」から「世のため人のため温泉のために働きなさい」と言われているような、使命感のようなものを日々感じています。

知って入って

もっと気持ちよくなる温泉満喫ガイド

- 知れば知るほど好きになる“温泉”の基礎知識
- 温泉チェックポイント
- 体に優しい温泉入浴法
- 温泉美容のすすめ
- 九州絶品温泉プチガイド
  - ①カラフル温泉
  - ②ぬる湯・あつ湯
  - ③レトロ温泉
  - ④家族風呂・貸切風呂
- ㊢情報アラカルト

知れば知るほど好きになる

“温泉”の基礎知識

私たち日本人にとって身近な温泉。しかし、温泉についてきちんと理解している人はあまり多くないでしょう。そこで、温泉とは一体何なのか、どんな効果があるのかを簡潔にまとめました。

◆そもそも温泉とは？

温泉は温泉法で定義され、その条件は地中から湧出する温水・鉱水・水蒸気・その他のガス（炭化水素を主成分とする天然ガスを除く）で、温度が「25℃以上」か「特定成分のうち一つ以上が規定値に達しているか」のどちらかです。つまり、泉温が25℃以上あれば温泉。逆に、一つでも成分が一定量以上含まれていれば冷たくても法律上は温泉です。

◆療養泉と泉質

温泉の中でもさらに一定の条件を満たしたものは「療養泉」とされ、様々な泉質名が付きます。また、温泉分析書に泉質別の〈効能〉を記載できます（厳密には〈効能〉という言葉は使えないため、その症状の療養に役立つという意味で「適応症」といいます）。療養泉は温泉よりも基準値などの条件が厳しくなっており、薬理効果を得やすく湯治目的で利用されることもあります。

溶け込んでいる物質などの条件により療養泉は10種類の泉質に分かれます。これは「掲示用泉質名」といわれる最も基本的な泉質で、温泉施設に掲示してある分析表にはこの掲示用泉質名が記載されています。泉質は温泉の個性であり、それぞれ特徴や適応症が異なるため、温泉を分類する際には重要な要素の一つになります（表参照）。

【掲示用泉質名と特徴】

泉質名		特徴
単純温泉		成分が微量で刺激が弱く、子どもやお年寄りも安心して入れる
塩類泉	塩化物泉	皮膚に塩分が付着するため、保温・保湿効果がある。殺菌効果も
塩類泉	炭酸水素塩泉	皮膚の角質を柔らかくしたり、皮脂を浮かせて流す“美肌の湯”
塩類泉	硫酸塩泉	肌の蘇生効果があるとされる“若返りの湯”。鎮静・鎮痛作用も
特殊成分を含む療養泉	二酸化炭素泉	炭酸ガスが皮膚から吸収されて血行を促進。飲泉で胃腸機能低下に◎
特殊成分を含む療養泉	含鉄泉	空気に触れると酸化で茶褐色に変色。飲泉で鉄欠乏性貧血への効果も
特殊成分を含む療養泉	酸性泉	殺菌力が強く皮膚病に効果的だが、刺激が強いので注意も必要
特殊成分を含む療養泉	含よう素泉	薬のような独特の臭い。飲泉で高コレステロール抑制効果も
特殊成分を含む療養泉	硫黄泉	成分が皮膚に浸透しやすく、メラニンを分解する“美白の湯”
特殊成分を含む療養泉	放射能泉	ラドンという放射性物質を含む温泉。希少な泉質で痛風などに適応

掲示用泉質名を溶け込んだ物質やその濃さなどで、さらに細かく表したものが正式な泉質名で「ナトリウム‐塩化物泉」などと表記されます。溶け込んでいる物質を詳しく表示し、温泉の個性がより詳細にわかるため、本書ではこの正式な泉質名を使って温泉を紹介していますが、これから温泉のことを知ろうという方は、まずは簡潔な掲示用泉質名を覚えていただければ充分です。

◆その他の分類

温泉は既述のように湯に含まれる成分（泉質）によって分類される他、「浸透圧」「pH」「泉温」という要素によっても分類されます。

浸透圧は平たくいえば「温泉が人間の細胞液と比べて濃いかどうか」で、その濃さによって「低張性」「等張性」「高張性」に分類されます。

pHは1～14までの数値があり、6以上7・5未満が中性、それより上はアルカリ性、下は酸性に分類されます（詳細は147ページの表を参照）。最後に泉温は25℃未満は「冷鉱泉」と呼ばれ、それ以上は温度によって細かく分類されます（表参照）。

【泉温による分類】

25℃未満	25℃以上 34℃未満	34℃以上 42℃未満	42℃以上
冷鉱泉	低温泉	温泉	高温泉

◆温泉の効果

温泉の効果には①温熱効果、②薬理効果、③水圧効果、④転地効果などがあります。

温熱効果は単純に温かいお湯に浸かることで得られる効果で、血行や新陳代謝の促進が期待されます。また、熱いお湯に全身浴で入浴することは軽い運動と同じ効果があるといわれています。

薬理効果は温泉に含まれる成分から得られる効果で、入浴することで皮膚の疾患等に対する効果が、飲泉することで内臓疾患に対する効果が期待されます。その効果は泉質によって異なります（詳細は143ページの「泉質別適応症の例」を参照）。

水圧効果は水圧によるマッサージ効果で、血液やリンパ液の循環促進などが期待され、デトックス効果（老廃物排出）も期待できます。

そして、転地効果は温泉地という環境そのものから得られる心理的な効果です。普段と全く違う、落ち着いた環境に身を置くことによってストレスから解放され、ストレスが原因となっている心身の不調の改善が期待されます。

◆温泉分析表を読む

温泉施設に掲示してある温泉分析表は、温泉のプロフィールのようなもの。見るだけでどんな温泉なのかよくわかります。泉温、pH、泉質、湧出形態などなど……良い温泉を見抜くためにチェックしたい項目をご紹介。温泉分析表を見る癖をつけて、さらに温泉を楽しみましょう！

【温泉分析表】

温泉分析表

源泉名：○○温泉

①源泉所在地（湧出地）：○県×市△-1

②泉質：単純温泉(低張性-弱アルカリ性-高温泉)

③泉温：50℃

④ pH：7.8

⑤湧出量：毎分150ℓ

⑥湧出形態：自然湧出

禁忌症：～

適応症：～

⑦溶存物質総量：978mg/kg

⑧加水・加温・湯の循環・消毒の有無など：

源泉温度が高いので加水

①湧出地と施設住所

宿や施設の住所と湧出地の住所が近いほど自家源泉の可能性が高く、全く違う住所の場合は引き湯だということがわかる。

②泉質

分析表の中でも一番重要。10種類の泉質のうちのどれか、またはどんな成分（泉質）が混じり合っているかがわかる他、（低張性-弱アルカリ性-高温泉）のように、浸透圧、pH、温度分類などが一目でわかる。

③泉温

源泉温度が55℃以上と高い場合は加水率が高まり、逆に源泉温度が低いと加温している可能性が高い。44℃前後の適温は源泉かけ流しが可能。

④ pH

酸性は殺菌効果があり皮膚病に良く、中性は皮膚に刺激が少ない。アルカリ性は角質や皮脂を洗い流す美肌の湯。

⑤湧出量

1分間に湧出する温泉の量を表示したもの。源泉かけ流しの場合、この1分当たりのリッター数が一日に衛生的にまかなえる入浴者数の目安です。100ℓ/分なら一日に100名が衛生的に入れるということに。

⑥湧出形態

自然湧出（岩盤の割れ目などから地表に温泉が自然に出てくる）、掘削自噴（ボーリングにより地中に穴を掘り、水圧によって温泉が自ら出てくる）、動力揚湯（ボーリングにより地中に穴を掘り、ポンプの力で温泉を汲み上げる）の三つのタイプがあります。

⑦溶存物質総量

1000mg/kg以上で「塩類泉」、未満は「単純温泉」という泉質名に。5000mg/kg以上の濃い温泉は湯あたりを起こしやすくなるので長湯は控えましょう。

⑧加水・加温・湯の循環・消毒の有無など

実施している場合は、その旨と理由を掲載する義務があります。

温泉チェックポイント

温泉には泉質・温度・pH など実に様々な個性があります。そんな多様な温泉の中から、自分が入りたい温泉をどう選ぶか。良い温泉の見抜き方はもちろん、どんなポイントで温泉を選べばよいのかをご紹介。

◆適応症による泉質の選択

温泉には泉質ごとに様々な適応症があります。心身の不調を改善させたいと思った時、自分が改善させたいと思う症状について適応のある泉質の温泉を選びましょう。

【泉質別適応症の例】

泉質名		きりきず	末梢循環障害	皮膚乾燥症	アトピー性皮膚炎	尋常性乾癬	表皮化膿症	慢性湿疹	痛風	強直性脊髄炎	耐糖能異常（糖尿病）	萎縮性胃炎	便秘	胃十二指腸潰瘍	逆流性食道炎	胆道系機能障害	高コレステロール血症	胃腸機能低下	鉄欠乏性貧血
単純温泉																			
塩類泉	塩化物泉	入	入	入								飲	飲						
	炭酸水素塩泉	入	入	入					飲		飲			飲	飲				
	硫酸塩泉	入	入	入									飲			飲	飲		
特殊成分を含む療養泉	二酸化炭素泉	入	入															飲	
	含鉄泉																		飲
	酸性泉				入	入	入				入								
	含よう素泉																飲		
	硫黄泉		入		入	入	入	入			飲						飲		
	放射能泉								入	入									

入＝入浴、飲＝飲泉により効果が期待されるもの　（環境省HPを参考に作成）

なお、上の「泉質別適応症」の他にも、全ての泉質で効果がある「一般的適応症」（ストレスによる諸症状＜睡眠障害・うつ状態等＞・冷え性・筋肉や関節の慢性的なこわばり等）や、逆に入浴等が制限される「禁忌症」もあります（「一般的適応症」「禁忌症」については環境省 HP 等の他、各温泉施設でも掲示されていますので、事前にご確認ください）。

◆良質な温泉を見抜くポイント（温泉の鮮度）

フルーツや野菜などと同じく、温泉もフレッシュなほうがお肌にとって栄養になります。温泉選びは泉質や環境も大切ですが、新鮮な温泉への入浴は皮膚の酸化や老化を抑制するなどアンチエイジング効果も期待できますので、鮮度も重要な要素です。温泉は空気に触れ時間が経つことですぐに酸化してしまいますし、放射能泉や二酸化炭素泉などは時間の経過で成分が失われますので、湧出してすぐに入浴できる源泉かけ流しの温泉がベストです。なかでも足元から湧出して空気に触れずに入れる足元湧出泉や、加水や加温・冷却の必要なくそのまま入れる適温の源泉は、鮮度の良い温泉である可能性が高いです。また、湯量の豊富さも湯の新鮮さに関係してきます。広い浴槽にチョロチョロ注入されているより、ドバドバと新鮮な湯が常にあふれるほどかけ流されているほうが、新鮮な状態が保たれているということになります。

⑤入浴中は絞ったタオルを頭にのせる

頭の上のタオルは、冷たいタオルであればのぼせ防止に、熱いタオルであれば冬場の露天風呂などで頭が冷えるのを防ぎ、頭が冷えて血流が不足することによる立ちくらみや、ヒートショックの予防にもなります。

⑥入浴時間の目安

熱いお湯でなければ（38～40℃程度）半身浴なら 20 分、全身浴なら 5～10 分が目安です。42℃以上の熱いお湯は体への負担が大きいため 3 分くらいが限度。また、ぬるめの湯でも 1 回の入浴時間は 5 分程度にとどめ、後述の「分割浴」で休憩を挟みつつ入りましょう。なお、時間はあくまで目安ですので、額にうっすらと汗をかいたら休憩のサインだと思いましょう。

⑦入浴後は30分～1時間の休憩をすること

入浴後は水分やカロリーを消費して体力的に消耗しているだけでなく、入浴時に変動した血圧が元に戻るのにも時間を要します。入浴後は充分な水分を補給しながらゆっくり休憩しましょう。なお、入浴後 15～30 分は心が最もリラックスする時間帯ともいわれています。

効果的な入浴法

①湯温による選択

自律神経には「交感神経」と「副交感神経」という二つの神経系があります。「交感神経」は体を緊張・興奮させ、逆に「副交感神経」は緊張や興奮を抑え、体をリラックスさせる働きがあります。そして、この二つの神経系は入るお湯が 42℃以上かどうかでスイッチが入れ替わります。そこで、シャキッと目覚めたい時などは交感神経を刺激する高温浴で短時間の入浴を、逆に就寝前などはぬるめのお湯に 15 ～ 20 分浸かるのがベストです。

②分割浴（反復浴）

休憩を挟みながらの「分割浴」をすることで、負担なくゆっくり入浴できます。私にとって理想的な分割浴は少し長めで、40℃以下のお湯で 5 分入浴後、髪を洗いながら 3 分休憩、また 8 分入浴後に体を洗いつつ 3 分の休憩、最後に3分入った後、湯口の新鮮なお湯で上がり湯です。分割浴による“ゆっくり入浴”には毛穴がよく開く、血行が良くなり保温効果が高まるなど様々な効果があります。

③温泉成分を逃がさない

温泉の成分には肌の角質を溶かすなどの効果があるので、その状態でゴシゴシ洗いすぎると肌を痛めてしまいます。体はタオルなどを使わず手で優しく洗いましょう。また、湯上がりのシャワーはせっかく皮膚についた温泉成分を洗い流してしまいます。皮膚についた温泉成分は入浴後もしばらく浸透効果が持続するので、洗い流すのではなく湯口のお湯を上がり湯にしてタオルで水分を拭き取るとよいです。ただし、酸性泉や硫黄泉など刺激の強い泉質は、肌に成分が付着していると湯ただれや肌荒れを起こすことがありますから、これらはシャワーなどでよく洗い流しましょう。なお、塩化物泉を除き、湯上がり後は肌表面の水分発散が盛んになり乾燥しやすくなりますから、すぐに保湿することをお忘れなく。

体に優しい温泉入浴法

入浴すると気持ちよく、体にもよい温泉ですが、間違った入り方をしてしまうと、逆に体に負担をかけてしまったり、命の危険にさらされてしまうこともあります。安全な入浴法を学び、楽しい温泉ライフを送りましょう。

安全な入浴法

①ヒートショック対策

入浴時の事故の主な原因の一つは「ヒートショック」と呼ばれる血圧の乱高下です。42℃以上の熱いお湯は「交感神経」という自律神経の働きを促進し、血圧を上昇させる効果があります。特に寒い季節は血管が収縮し、ただでさえ血圧が高めになり、熱いお湯によってさらに血圧が上昇すると、脳卒中などを引き起こす可能性があります。また、湯に体が慣れて大きく上がった血圧が下降する際に意識障害が起こり、入浴中に意識を失い溺れてしまうことも。

入浴時にはいきなり高温のお風呂に入らない、入浴の前に10回以上の充分なかけ湯で体を温める等の工夫をしましょう。また、寒い時期にはいきなり外の露天風呂に入らず、まずは内湯で充分に温まってから。なお、温泉の湯口付近は湯温が高めなことが多いため、比較的湯温の低めな湯口の反対側から入り、充分に温まってから湯口のそばに行くとよいでしょう。

②入浴の時間帯による注意

早朝4～6時は体が睡眠状態から覚醒状態に切り替わり、交感神経が働くために血圧の上昇等が起こります。血圧が高めの方はこの時間帯の入浴を控えましょう。

③飲酒後の入浴は避ける

入浴によって血行が促進されるため酔いが回りやすく、入浴中にふらついたり、眠って溺れるなどの事故を招きます。さらに、飲酒は血圧の低下を招くため、入浴によって血圧がさらに下がった場合に意識障害などが起こる可能性もあります。お酒に弱い方などは特にご注意を。

④入浴の前後の適度な水分＆カロリー補給

入浴時は発汗によって水分が失われ、血液がドロドロになりやすいので、あらかじめ水分を摂っておきましょう。湯上がり後に失われた水分を補給するのも忘れずに。また、入浴は軽い運動と同程度のカロリーを消費するので、入浴前の適度なカロリー補給もおすすめ。ただし、入浴時は内臓に充分な血液が集まらず、消化不良を起こす可能性があるので食べすぎに注意を。

◆機能温泉浴

温泉の効果を上げるため、二つ以上の泉質の湯を巡ることを「機能温泉浴」といいます。同じエリアや近くのエリアで様々な泉質を楽しめる地域ならではの入浴法です。九州では多様な泉質が混在する別府温泉・黒川温泉などで同じエリアでの機能温泉浴が可能です。

①「クレンジング」➡「保湿」コース
（酸性泉 or 硫黄泉 or 炭酸水素塩泉 or アルカリ性温泉➡塩化物泉）

肌の引き締め効果のある酸性泉や、クレンジング効果のある炭酸水素塩泉、アルカリ性温泉に入浴後、塩化物泉へ。「美肌の湯」の入浴で水分発散が盛んになり乾燥しやすくなった肌を、塩化物泉の塩の成分が薄くベールのように包み、天然の保湿剤の役割をしてくれます。しっとり肌のサポーターの硫酸塩泉やメタケイ酸も◎。

②「ヌルヌル&つるつる」コース
（中性硫黄泉➡弱アルカリ性ナトリウム - 炭酸水素塩泉）

強烈なヌルヌル感が体験できる組み合わせ。中性硫黄泉で適度に皮脂を整えておくと理想的な状態で美人の湯に突入できるので、かなりヌルヌルつるつる感が増します。

なお「ナトリウム - 炭酸水素塩・塩化物泉」など必要な二つ以上の泉質が混ざったお湯であれば一湯でも OK！ また、一つの宿に泉質の異なる二つ以上の源泉がある所も手軽で good！

③ 機能温泉浴の注意

異なる泉質の温泉に続けて入る時には、入る順番に注意が必要です。例えばクレンジング効果のある「美肌の湯」は角質を洗い流してくれる半面、肌表面がデリケートになりますので、このような湯の後で酸性泉などの刺激の強い温泉に入ってしまうと、肌が荒れてしまうことも。酸性泉の前に入るとすれば、肌をコーティングする塩化物泉がおすすめです。

◆温泉ホットタオル

湯口から汲んだ新鮮なお湯をしみ込ませたタオルを、軽く絞って顔の上に。血行が促進されてくすみやクマが改善し、明るく透明感のある柔らかい肌に。毛穴が開くので汚れも取れやすくなります。ホットタオルの後は冷水で毛穴を引き締め、温冷作用で肌の新陳代謝がアップ! 化粧水がグングン入ります。タオルを肩や首筋に掛ければコリの改善も期待できます。

温泉美容のすすめ

温泉では「美肌の湯」という言葉をよく目にしますが、実際に「美肌の湯」とはどんな温泉なのでしょうか? ここでは美容に役立つ温泉の様々な効果をご紹介。それらを生かして温泉美人をめざしましょう!(もちろん男性にも有用です)

◆泉質や pH によるエステ効果

温泉の泉質のうち、古い角質や皮脂・毛穴の汚れを石けんのように洗い流すクレンジング効果のある「炭酸水素塩泉」、肌にハリや潤いを与え、肌の蘇生効果があるとされる「硫酸塩泉」、メラニンを分解することからシミ抜き効果があるとされ、美白の湯と呼ばれる「硫黄泉」は“三大美人泉質”といわれています。また、塩化物泉は保湿剤のような効果がある他、泉質ではありませんが「メタケイ酸」が多く(湯 1kg 当たり 100mg 以上)含まれる湯は角質膜形成の促進効果があるとされ、天然の美容液といわれています。この他にも血行促進効果による肌のくすみの改善など、温泉には美しくなれる要素が満載です。

一方、お湯を pH の面からみると、泉質にかかわらず酸性の湯には肌の引き締め効果が、アルカリ性 (pH7.5 以上) の湯にはクレンジング効果があるとされています。pH は泉質にかかわらず肌に影響を与えるので、美容の面で重要な要素です。

【pH と肌への作用】

	強酸性	酸性	弱酸性	中性	弱アルカリ性	アルカリ性	強アルカリ性
pH値	2未満	2以上 3未満	3以上 6未満	6以上 7.5未満	7.5以上 8.5未満	8.5以上 10未満	10以上

◆ダイエット入浴法

入浴によるカロリー消費は意外に多いとされ、例えば 80kcal を消費するのに要する時間は徒歩で 50 分、水泳やテニスなど激しい運動でも 15 分を要するのに対し、42℃のお湯に全身浴で入浴した場合は 10 分といわれています(年齢・体質等で異なります)。また、全身浴による水圧は心臓に血液を押し上げるポンプアップ効果をもたらし、その結果、血液やリンパ液の循環が良くなりデトックス効果が期待できます。ただ、熱いお湯に長時間の全身入浴は負担が大きいので、「分割浴」で休憩を挟みつつ入浴を。暖かい時期なら 30℃ほどのぬる湯で軽く体を動かすと、湯に体温を奪われた体が体温を上げようとカロリーを消費します。その他、食前に 40℃で 15 分入浴すると胃腸の働きが抑制され、一時的に食欲を抑えることができます。

温泉天国・九州は湯量・泉質ともに豊富で、様々な特徴をもった温泉と出会うことができます。ここでは多彩な九州の温泉を、特徴ごとにガイドしていきます。もちろん、泉質も折り

青 湯布院 秘湯の宿 奥湯の郷《さと》（大分県）

湯布院の深い山中の小さな集落にある秘湯の宿。ブルーハワイのような透明で鮮やかな色の温泉は、青湯の中では九州一の美しさ。泉質はナトリウム - 塩化物泉で pH8.8。とろみがあり、湯上がりはとてもしっとり。地下 451 mから自噴する湯は 99℃と高温ですが、湯雨《ゆめ》竹《たけ》を利用して泉温を自然に下げているので源泉かけ流し。宿泊もリーズナブルで、温かく迎えてくれる女将さんの笑顔と料理も魅力です。

湯布院の「奥」で出会える神秘的な青湯。

【DATA】
●大分県由布市湯布院町川西 2044 ●☎ 0977-84-2789 ●1 泊 2 食付き 8790円～ ●日帰り入浴 500円 ● 10:00～15:00 ●不定休

黒 王子温泉（大分県）

大分市の住宅街にひっそりと佇む銭湯風の温泉。番台のおかあさんにお金を払って中に入ると、木製のロッカーや脱衣籠など昭和レトロな雰囲気。温度は高めで、浴槽には常に湯が満たされており、源泉かけ流し 100%。カランまで温泉なのも嬉しい。泉質はナトリウム - 炭酸水素塩泉のモール泉で、色は黒色透明。pH8.3 のツルツル感が強いお湯は、湯上がりすべすべ肌に。

浴槽にいっぱいの湯は、まるでアメリカンコーヒーのよう。

【DATA】
●大分県大分市王子中町 8-27 ●☎ 097-532-8438 ●日帰り入浴大人 380円・小学生 150円・未就学児 70円 ● 16:00 ～ 22:00 ●土曜休

白 国民宿舎 青雲荘（長崎県）

一日平均およそ 440t もの湯量を誇る雲仙・小地獄温泉にある国民宿舎。自噴している小地獄温泉から引いてきた湯は、牛乳風呂のように真っ白に濁っています。単純硫黄泉で pH4.3 の弱酸性の湯は、肌に優しくサラッとした肌触り。露天風呂はあたり一面木々に囲まれ、まるで森の中にいるようにマイナスイオンたっぷり。

大浴場は一晩中入浴可。夜は星空がいい景色に。

【DATA】
●長崎県雲仙市小浜町雲仙 500-1 ●☎ 0957-73-3273 ●1 泊 2 食付き 8800～1 万 3800円（平日のみ朝食付き・素泊まりコースもあり）●日帰り入浴大人 660円・小人 330円 ● 10:30～18:00 ●無休

カラフル温泉

紙付き。まずは湯の色です！　温泉は泉質や条件によってとてもカラフルな色になりますが、そんな見た目にも楽しい、様々な色合いの温泉をご紹介しましょう。

黄　旅館 新清館（大分県）

「九重九湯《ここのえきゅうとう》」の一つ、筌ノ口《うけのくち》温泉にある明治35年（1902）創業の老舗の一軒宿。雑木林に囲まれ、小川が流れている開放的で広い露天風呂にはドバドバと豊富な湯が注がれています。pH6.6のナトリウム・マグネシウム・カルシウム - 炭酸水素塩・硫酸塩泉は敷地内から自噴。黄土色の濁り湯は炭酸成分を多く含み、体がとてもよく温まります。

豊かな自然に囲まれ、時間を忘れてほっと一息。

【DATA】
●大分県玖珠郡九重町大字田野 1427-1 ●☎ 0973-79-2131 ●1泊2食付き8790円～1万3110円 ●日帰り入浴 500円・小学生以下 250円 ●7:30 ～ 22:30（受付）●不定休

赤　MOJI PORT〔もじポート〕（福岡県）

関門海峡すぐそばの海沿いに建つ、宿泊や食事もできる温泉施設で、12の家族風呂があります。家族風呂の金楽泉は天然温泉で、含弱放射能・鉄 - ナトリウム・カルシウム・マグネシウム - 塩化物泉と泉質も珍しく、赤色の湯は一度見たら忘れないインパクトが。pHは6.0。泉温は19.3℃と低めですが、溶存物質が3万2031mgを超える九州トップクラスの高張性の温泉。海と夜景を眺めながら入浴できるのも魅力。

豊富に含まれる鉄分の影響で、大変特徴的な赤い湯。

【DATA】
●福岡県北九州市門司区大里本町 3-13-26 ●☎ 093-382-3322 ●1泊朝食付きシングル 7200円～・ツイン 1万 5000円 ●日帰り入浴 2000 ～ 4200円 ●10:00 ～ 24:00（最終受付 23:00）●年1回メンテナンス休館日あり

緑　どんどこ湯（熊本県）

アーデンホテル阿蘇に併設の温泉施設で、浴場面積はなんと1000坪！ 西日本最大級の規模を誇る人気の温泉センター。泉温の異なる三つの内湯と巨大な溶岩石や巨木、雑木林など野趣あふれる数々の庭園露天風呂は全て源泉かけ流し。マグネシウム・カルシウム・ナトリウム - 硫酸塩泉で、九州では珍しい緑白色の湯が楽しめる。レストランや無料休憩室など施設も充実しており、自家牧場産のハムやソーセージも美味。

野趣に富んだ露天風呂がたたえる緑白色の美人の湯。

【DATA】
●熊本県阿蘇郡南阿蘇村大字下野 135- 1 ●☎ 0967-35-1726 ●1泊 2 食付き 9180円～ ●日帰り入浴 620円（宿泊者は無料）●11:00 ～ 22:00（21:00 最終受付）●不定休

※ P148 ～ 155 の各温泉のデータは 2016 年 3 月現在のものです。同年 4 月の熊本地震による影響は記載されていません。ご利用の際は事前にお問い合わせ・ご確認ください。

奴留湯《ぬるゆ》 温泉共同浴場 (熊本県)

自然湧出の温泉を地元の人たちが守り続けてきた共同浴場。昔、殿様のお供をした「奴《やっこ》さん」たちがぬるめの湯にゆっくり浸かり、旅の疲れを癒したことからこの名が付いたとか。大きな石が敷き詰められた浴槽の下から湧き出す湯が、川水のようにオーバーフロー。優しい硫化水素臭が感じられる単純硫黄泉は 38℃で、リラックス効果大です。

浴槽の底には大きな石がゴロゴロ。

【DATA】
●熊本県阿蘇郡小国町北里 2284 ●☎ 0967-46-2113(小国町情報課観光係) ●日帰り入浴大人 200円・中学生以下 100円 ● 9:00 ~ 21:00 ●不定休

吉田温泉 亀の湯 (宮崎県)

鄙《ひな》びたいで湯・吉田温泉にある公衆浴場で、pH6.3 のナトリウム - 炭酸水素塩・塩化物・硫酸塩泉で、泉温 39℃の掘削自噴泉。湯 1kg 中の遊離二酸化炭素(炭酸ガス)が 530mg と、いわゆる炭酸泉の条件 (湯 1kg 中 1000mg) には足りないのですが、温泉の新鮮さとぬる湯のおかげで細やかな泡付きがあります。金気《かなけ》を含む炭酸感のある湯で、湯上がりはとても清涼感がありながらも、血流が良くなりポカポカに。

浴槽にドバドバと注ぐお湯は飲泉も可。

【DATA】
●宮崎県えびの市昌明寺 672 ●☎ 0984-37-1446 ●日帰り入浴 1日 1000円・1回大人 350円・小学生 130円・赤ちゃん 60円 ● 6:00 ~ 21:00 ●無休

山の宿 寒の地獄旅館 (大分県)

江戸時代に開湯した自然湧出の冷鉱泉。7月~9月の期間限定の冷鉱泉は 14℃、毎分 2t の湧出量で、水着で入浴。数分我慢して入浴した後にドラム缶のストーブで温められた部屋で暖をとるという、温冷刺激を利用した変わった湯治スタイル。泉質は pH4.6、弱酸性の単純硫黄冷鉱泉。加温浴槽もあるのでご安心を。二つの大浴場(男女日替わり)や三つの家族湯が日頃の疲れを癒してくれます。

夏でも暖房がほしくなる冷泉は、まさに寒の地獄!?

【DATA】
●大分県玖珠郡九重町飯田高原 ●☎ 0973-79-2124 ●1泊2食付き1万3000円~・1泊朝食付き 9500円・素泊まり 8000円 ●日帰り入浴 500円 ●冷泉 9:00 ~17:00・温泉 10:00 ~ 14:00 ●水曜休

泉温によって体内の自律神経のスイッチは入れ替わります。高温のあつ湯は神経を興奮させ、心臓などの働きを活発化させる効果があり、逆にぬる湯は神経系・循環

ぬる湯・あつ湯

器系の興奮を抑え、心身をリラックスさせるなどの効果があります。異なる効果や楽しみ方がある2種類のお湯、どちらが好み？

あつ湯

コスモス温泉 （宮崎県）

のどかな自然の中にポツンと建つ、地元の人々に人気の施設。ぬる湯 40℃、あつ湯 45℃の二つの浴槽があり、析出物もたっぷり。金《かな》気《け》を含む笹濁りの湯は pH6.7 のナトリウム･マグネシウム･カルシウム - 炭酸水素塩･硫酸塩･塩化物泉でミネラルも豊富。水風呂とあつ湯との温冷交互浴が癖になる、とにかく激アツな温泉です。

湯の熱さは折り紙付き。あなたは耐えられる?

【DATA】
●宮崎県小林市南西方 1130-79 ●☎ 0984-22-7085 ●日帰り入浴大人 350円・こども 200円、大広間休憩 700円（16:00 まで）● 9:00 ～ 23:00 ●無休

吹上温泉 湖畔の宿 みどり荘 （鹿児島県）

自然と静寂に包まれた緑豊かな河畔に佇む一軒宿。古くから歌人や文豪に愛され、湯治場としても歴史があり、自家源泉の白い湯の華が舞う露天風呂と黒い湯の華が舞う内湯の 2 種類の湯を楽しめ、どちらも「みどり池」を眺めながらの湯浴みができます。pH9.0 のアルカリ性の単純硫黄泉はしっかりとした硫化水素臭が感じられ、トロトロとした浴感の極上湯。

内湯から見える「みどり池」の眺望が美しい。

【DATA】
●鹿児島県日置市吹上町湯之浦 910 ●☎ 099-296-2020 ●1泊 2 食付き 1 万 6280円～ ●日帰り入浴大人 600円 ● 10:00 ～ 19:30 ●不定休

博多温泉 元祖 元湯 （福岡県）

福岡市内の住宅街にひっそりと佇む公衆浴場で、博多温泉発祥の湯。昭和 41 年（1966）に井戸を掘っていて偶然にも湯が湧き出たのだそう。こぢんまりとした湯船には鮮度抜群の塩化物泉がゴボゴボと爆発するかのように吐き出され、源泉かけ流し 100%。49℃の激アツの湯は濃厚でしっとり感があり、とにかくよく温まります。ため始めの一番風呂を狙って入れば、温度が低く入りやすいことも。

激しい勢いで注がれる新鮮でアツアツの湯。

【DATA】
●住所：福岡県福岡市南区横手 3-6-18 ●☎ 092-591-6713
●日帰り入浴 13:00 ～ 17:00 は 600円、15:00 ～ 17:00 は 500円、17:00 ～ 18:00 は 400円（共にこども半額）● 13:00 ～ 18:00 ●木曜休（そのほか都合による休業あり）

歴史ある温泉が多い九州。長い歴史の中で温泉施設も数多く造られ、なかには創業当時の雰囲気を今に残す

人吉 鶴亀温泉（熊本県）

人吉の市街地から離れた住宅街の細い路地裏にひっそりと佇み、まるで時間が止まったかのように昭和初期の面影を色濃く残す鄙《ひな》び系の温泉。脱衣場では昔懐かしい看板などがあちこちに残っています。コンクリート打ちっぱなしのシンプルな浴場では七福神の口が湯口になっていて、泉質はph7.7の弱アルカリ性のナトリウム - 炭酸水素塩・塩化物泉。湯は熱めで、かすかに硫化水素臭がする湯の華が舞う黄褐色のモール泉は極上です。

入口が建物の側面にあるため見逃す方も多いとか。

【DATA】
●熊本県人吉市瓦屋町1120 ●☎0966-22-3221 ●日帰り入浴大人300円・小人100円 ●14:00～21:00 ●第2・4月曜休

竹瓦温泉（大分県）

明治12年（1879）創業。現在の建物は昭和13年（1938）に建てられたもので、唐破風《からはふ》入母屋造《いりおもやづくり》の風格ある木造建築は別府のシンボルにもなっています。圧倒的な存在感の外観はもちろん、内装も往時そのままのデザインで目を引きます。男湯は中性の塩化物泉、女湯は弱アルカリ性の炭酸水素塩泉。熱めのお湯が注がれる湯船や床には歴史がしっかりと刻み込まれ、時間が止まったような別世界が広がっています。名物の砂湯もぜひ！

"殿堂湯"として"九州温泉道"の終点にも指定されている。

【DATA】
●大分県別府市元町16-23 ●☎0977-23-1585 ●普通浴100円・砂湯1030円 ●6:30～22:30（砂湯は8:00～22:30）●12月第3水曜（砂湯は毎月第3水曜）休

雲仙観光ホテル（長崎県）

有形文化財に登録され、日本を代表する歴史と伝統を引き継いだ創業80年以上のクラシック洋館ホテル。ヨーロッパアルプスの山小屋風の豪奢《ごうしゃ》なこの施設は、古くから内外の要人たちに利用されてきました。温泉は自然湧出している自噴泉で、pH1.9の酸性・含鉄・含硫黄 - アルミニウム - 硫酸塩泉は九州トップクラスの酸性度。日本の温泉らしい硫化水素臭がして湯の華が舞う良質な硫黄泉を、異国情緒の中で味わえる不思議な空間です。

「洋館にふさわしい温泉のあり方」を表現した美しい浴室。

【DATA】
●長崎県雲仙市小浜町雲仙320 ●☎0957-73-3263 ●1泊2食付き2万7500円～ ●日帰り入浴1080円（ランチまたは喫茶利用の方のみ可）●10:00～17:00 ●無休

所も。そんな施設を訪れ、温泉の湯を楽しみつつノスタルジックな気分に浸るのも一興です。

江之島温泉（鹿児島県）

錦江湾《きんこうわん》に面する海岸沿いにあり、湯治場として栄えていた情緒を今に伝える昭和レトロな民家のような浴舎。現在は両親から引き継いだ若旦那が営業。建物同様に年季の入った湯船には、ドバドバと音をたてながらもったいないくらいに新鮮な湯が注がれオーバーフロー。お湯は熱めで ph9.3 のアルカリ性単純硫黄泉。体と心にしみ入る、とても鮮度の良い名湯です。

ひなびた建物の中に、豊富で新鮮な温泉が変わらず湧いている。

【DATA】
●鹿児島県垂水市海潟 541-1 ●☎ 0994-32-0765 ●日帰り入浴大人 250 円・中人 100 円・小人 50 円 ● 8:30 ～ 21:00 ●不定休

山鹿温泉元湯 さくら湯（熊本県）

今から約 370 年前の肥後細川藩の御茶屋に端を発し、市民温泉として長く愛されてきました。明治以来の雰囲気を残す建物は一度解体されたものの、伝統工法により往年の姿を再現し、九州最大級の木造建築としてよみがえりました。もちろん内部も往時を再現。pH9.62 のアルカリ性単純温泉が足元から噴出し、癖がなくシンプルな湯のぬるぬる感と白い大理石のつるつる感が相まって心地よいです。飲泉も可。

往時を再現した湯屋は、外観も内部も一見の価値あり。

【DATA】
●熊本県山鹿市山鹿 1-1 ●☎ 0968-43-3326 ●日帰り入浴大人（中学生以上）300 円・子ども（3歳～小学生）150 円 ● 6:00 ～ 24:00 ●第3水曜（祝日の場合は翌日）休

大丸別荘（福岡県）

創業 150 年、数多くの文人や要人が利用した日本庭園の美しい老舗旅館。6500 坪の敷地に自家源泉 3 本を所有し、玉石が敷き詰められた趣のある 100 坪の岩風呂は 90cm の深さがあり、石の感触が心地よい。お風呂の造作は自然との一体感を意識し、町中にありながら自然に包まれ、時間を忘れてくつろげます。pH8.8 のアルカリ性単純硫黄泉で、ほんのり硫化水素臭が漂う優しい湯。澄みきった無色透明な湯は、まるで川の中に浸かっているよう。

大浴場「次田（すいた）の湯」は自然の水辺を表現。

【DATA】
●福岡県筑紫野市湯町 1-20-1 ●☎ 092-924-3939 ● 1 泊 2 食付き1万4406円～ ●日帰り入浴 5940 円～（会席料理とセットの日帰りプラン利用者のみ可、要予約）●無休

ハーブガーデン小鳥のたより（大分県）

湯布院のメイン通りから少し離れた小高い所にある1万坪の敷地面積を誇るヨーロッパ風温泉リゾート。熱帯植物を育てるための温室を改装した大浴場と露天風呂の他、貸切の露天風呂が三つ。敷地内から自噴する 98.2℃の湯は pH8.64 のナトリウム - 塩化物泉で、透明感のあるコバルトブルー。メタケイ酸 300mg を含むトロトロヌルヌルのお湯は極上。大浴場が 24 時間営業なのも嬉しい。

貸切露天風呂。温泉の色は天候などの条件で変化する。

【DATA】
●大分県由布市湯布院町川上 459-2 ●☎ 0977-28-8880（予約専用☎ 0977-28-8310）●1泊2食付き内湯部屋1万 3500円～ ●日帰り入浴／大浴場・露天風呂1名 500円・貸切風呂 50 分 1500円（宿泊者は無料）● 9:00 ～ 22:00（大浴場は 24 時間営業）●無休

岳《たけ》の湯地獄谷温泉 裕《ゆう》花《か》（熊本県）

小国《おぐに》富士で名高い涌蓋山《わいたさん》の麓に広がるわいた温泉郷の一つで、大自然の中に建つ日帰り入浴施設。14 室の家族風呂と緑に囲まれた絶景大露天風呂があり、家族風呂はコインタイマー式で 24 時間いつでも新鮮なお湯に入浴できます。99.5℃で自噴するナトリウム - 塩化物泉には九州トップクラスの 623 mgものメタケイ酸が含有され、保湿・保温効果抜群！ 食材も販売されていて敷地内で温泉の蒸気を利用した地獄蒸しも楽しめます。

貸切温泉はどれも個性豊かで絶品。全て制覇したくなる。

【DATA】
●熊本県阿蘇郡小国町北里 1800-33
●☎ 0967-46-4935 ●日帰り入浴／大浴場大人 600 円・小学生 400 円 ●貸切温泉 1300 ～ 2000 円（50 分、4 名まで）● 8:00 ～ 22:00（貸切温泉は 24 時間入浴可能）●毎月第3水曜休

湯亭 上弦の月（熊本県）

三《み》加《か》和《わ》温泉の中でも新しい温泉施設で、全室に内湯と露天風呂が付いた貸切専門の入浴施設。13 室の家族風呂はどれも非常に個性的でデザイン性が高く、ゆっくりくつろげるのでカップルにおすすめ。九州トップクラスの pH10.07 のアルカリ性単純温泉で、皮脂や角質を石けんのように洗い流して強烈にヌルヌルします。湯上がりは乾燥しやすいので保湿剤を忘れずに。

竹取物語をイメージした「月白」。他にも個性あふれる湯がいっぱい！

【DATA】
●熊本県玉名郡和水町大田黒 310-1 ●☎ 0968-42-4126 ●日帰り入浴1室 1600 ～ 3800 円（70 分～ 90 分）● 10:00 ～ 26:00（最終受付 24:00）●第2火曜休

広々とした大浴場でのんびり温泉を楽しむのもよいですが、家族や友人だけで文字通り「水入らず」の時間を過ごすのも楽しいもの。ここに紹介する温

家族風呂・貸切風呂

泉は、いずれも個性豊かな家族風呂・貸切風呂を備えた施設ばかり。プライベートな空間で温泉に浸かりながら、家族や友人との絆を深めてみては。

慈《じ》菜《ざい》湯宿《ゆやど》 粋房《すいほう》 おぐら（大分県）

別府・鉄輪《かんなわ》温泉の中心部から少し離れた高台にある旅館。お風呂は離れの客室専用の二つの他、趣向を凝らした七つの貸切風呂があり、貸切風呂は滞在中自由に入浴可。どれも全く異なる趣向で利用者を楽しませてくれますが、その中でも温泉ファンに人気が高いのが「照湯」。pH8.2 の単純温泉でメタケイ酸を196.5mg 含み、目にも鮮やかなブルーの湯。湯上がりは保湿されしっとりとした肌に。

お風呂だけでなく、内装にもこだわりが感じられる。

【DATA】
●大分県別府市小倉 1-3 ●☎ 0977-21-6123 ●1泊2食付き1万4040円〜 ●日帰り入浴1室1500円・2000円（45分、3名まで、4名はプラス500円、15分延長ごとにプラス500円）、その他日帰りプランもあり ●10:30 〜 21:00（ただし 15:00 〜 18:00 は宿泊客優先）●定休日は要確認

久住高原コテージ（大分県）

久住高原にあり、雄大な阿蘇五岳を一望でき、大自然を体感できるコテージ。自慢の大浴場「満天望温泉」は目の前に雄大な大草原が広がり、草原の真っただ中で温泉に浸かっているかのよう。家族風呂も内湯と露天風呂がつながっており、露天風呂からの眺望は満天望温泉と同じで、大切な人と絶景を独占できます。pH7.4 のナトリウム・マグネシウム - 炭酸水素塩泉で、黄色透明のモール泉。夜の満天の星空は必見！ 炭火焼肉も絶品です。

満天望温泉からの眺望。この雄大な景色は一見の価値あり!

【DATA】
●大分県竹田市久住町白丹 7571-23 ●☎ 0974-64-3111 ●1泊2食付き 9979円〜（入湯税別）
●日帰り入浴／大浴場 600円・家族湯 50分 1600円 ●11:00〜19:00 ●不定休

家族湯 七城《しちじょう》の森（熊本県）

家族湯が主体の温泉施設が共同で発足させた七《な》水木《みき》温泉郷の一つ。16 室の家族風呂をもつ素朴な雰囲気の家族風呂専用施設で、知る人ぞ知る名湯が湧いています。pH7.63 の炭酸水素塩泉で、湯口からは極小の気泡が舞い、鮮度が抜群！温泉のクレンジング作用で、湯上がりはとてもさっぱりして清涼感が。料金はリーズナブルで、平日はさらにお得。深夜営業もありがたい。

離れもあり、名湯に浸かり贅沢なひとときを過ごせる。

【DATA】
●熊本県菊池市七城町亀尾 1491-1
●☎ 0968-23-5888 ●日帰り入浴／家族湯 1200円・露天付き家族湯 1400円・離れの間 1900円（いずれも 50分、平日 200円 OFF） ●10:00 〜 27:00（最終受付 26:00）●無休

得 情報アラカルト

本書で紹介した宿・施設から読者の皆さまに、うれしい特典が!
ご利用の際は本書をご提示ください。詳細はお問い合わせください。
有効期間は各温泉によって異なりますので事前にご確認ください。

人・湯・自然……楽しみは星の数ほど

天ヶ瀬《あまがせ》温泉 みるき~すぱサンビレッヂ

〔大分県日田市〕 (P24)

ご予約のうえ、ご宿泊の方に、地元名産のお土産品を1点プレゼント!

チェック

つるヌル美人湯と地獄蒸し体験も

神丘《かみおか》温泉 豊山荘《ほうざんそう》

〔大分県別府市〕 (P10)

日帰りランチプラン(要予約)ご利用の方に、美人湯温泉配合の特製ボディーソープミニサイズをプレゼント(1組1個)。

チェック

神社拝殿の真下に自噴する神の湯

旅籠《はたご》 しび荘

〔鹿児島県さつま町〕 (P68)

ご宿泊の方それぞれに「温泉の素」(250g)をプレゼントします。ご自宅でも神の湯のトロトロ感が味わえます。

チェック

バラエティー豊かな温泉です!

ひょうたん温泉

〔大分県別府市〕 (P12)

別府は昔から竹工芸が盛んです。受付で本書をご提示いただいたお客様に、かわいい「竹鈴」を1個プレゼントします。期間は2016年12月末までです。

チェック

ホワイトブルーの絶景温泉!

豊礼の湯

〔熊本県小国《おぐに》町〕 (P80)

ご宿泊の方それぞれにラムネを1本プレゼント!(小学生以上)

チェック

四季折々の自然に包まれて

夢幻の里 春夏秋冬

〔大分県別府市〕 (P14)

本書を持参されたお客様1グループ(5名まで、小人含む)に大浴場200円引き(小人は100円引き)。

チェック

自家源泉かけ流しの美肌の湯

源湯《もとゆ》岩風呂 旅館 嬉泉館《きせんかん》

〔佐賀県嬉野《うれしの》市〕 (P114)

ご宿泊のお客様に、当館源泉水を使用した無添加オリジナル温泉美容水(20mℓ)を進呈。ぜひお試しください。

チェック

得

木々に囲まれ安らぎの時間を過ごす

静寂な森の宿 山しのぶ

〔熊本県南小国町〕 (P84)

ご宿泊の方にチェックアウト11時(通常10時)と1ドリンクサービスいたします(休前日・年末年始の連休を除く)。詳細はお問い合わせください。

チェック

得

鶴が見つけた神秘の泉

鶴の恩返し よみがえりの宿 鶴霊泉《かくれいせん》

〔佐賀県佐賀市〕 (P118)

ご宿泊のお客様に限り、当館オリジナル「鶴霊泉石けん」をプレゼント! 一度ご利用されたお客様のリピート率No.1の石けんです。ぜひお試しください。

チェック

得

ありのままの自然を堪能

旅館 山河

〔熊本県小国町〕 (P86)

ご宿泊の方に黒川温泉オリジナル地ビールを1本差しあげます。湯上がりにどうぞ。

チェック

得

湯治の湯として知られる熊の川温泉

湯泉郷《とうせんきょう》温泉館 湯招花《とうしょうか》

〔佐賀県佐賀市〕 (P120)

入浴料を大人の方のみ200円引きいたします(1グループ有効)。

チェック

得

木のぬくもりあふれる民芸モダンの宿

民芸モダンの宿 雲仙福田屋

〔長崎県雲仙市〕 (P104)

①お食事された方にコーヒーをサービス
②入浴された方に次回使える入浴無料券をサービス

チェック

得

筑後川にたたずむ大人の宿

ほどあいの宿 六峰舘

〔福岡県朝倉市〕 (P128)

ご宿泊の方に限り、ご夕食の際にお一人様につき1ドリンクサービスいたします。また、お土産に原鶴温泉限定のハーブ石けんをプレゼントいたします。

チェック

得

昔ながらの温泉情緒にゆったりと

旅館 國崎

〔長崎県雲仙市〕 (P108)

海上露天風呂「茜」の無料チケットをそれぞれにプレゼント! 満潮になると湯船に海水が入るほど、日本一海に近い温泉です。

チェック

得

～おわりに～

本書の制作にあたって、私自身が“こんな温泉本があったらいいな”という理想の温泉ガイドをめざし形にしました。そのためにまず、これまでに入湯した数多くの九州の素晴らしい温泉を再訪し、掲載する施設を選定するところから始めました。そこで心に決めた施設にはその場でご挨拶をさせていただき、後日アポイントをとり再度取材と写真撮影……というように、仕事の合間をぬっては自ら運転し九州を2周して120以上の温泉に入りました。直接、施設の方々とお話をして温泉に対する思いを聞いて感じたことを形にしたかったのと、日々変化する生き物である温泉と向き合い、“その瞬間に今の私”が感じた「温泉」をリアルに皆様へお伝えしたかったからです。

温泉の湯色や雰囲気がわかりやすいようにオールカラーで、携帯しやすいＡ５サイズに。温泉の個性をひと目でわかるように表した“感覚データ”やアイコン、気になる数値など、温泉好きからマニアまで読み応え・見応えのある“これまでにない温泉本”にしました。また、温泉初心者にも基礎知識やチェックポイント、入浴法など、この一冊で理解してもらえるようにまとめました。そして、私が温泉にハマるきっかけとなった温泉ソムリエや、温泉の個性を実際に体感できた「九州温泉道」もご紹介し、チャレンジし興味をもってもらうことで、さらに温泉好きが増えてくれればと願っています。

初めての本でわからないことだらけで、予想以上に時間がかかり、本当に出版できるのだろうか……と不安だらけでしたが、快く協力し支えてくださった多くの方々のおかげで、九州の温泉の底力がギュッと詰まった一冊が出来上がりました。本書がバイブルとなって九州の温泉の魅力を再発見してもらえれば幸いです。これからも日本の文化であり財産である温泉の素晴らしさを、微力ながら世界中の人々に発信していきます。一人の力では絶対にこの本は出来上がりませんでした。最後にこの本の制作に携わってくださった全ての皆様に、心から感謝を申し上げたいと思います。本当にありがとうございました。

2016年 春

北出恭子

北出恭子（きたで きょうこ）
タレント・温泉アナリスト

九州を拠点にテレビやラジオで活躍するタレントでありながら、日本や海外の温泉を巡り、年間入湯数は300以上。日本温泉地域学会会員、温泉マイスター、温泉ソムリエビューティー＆ダイエット、温泉入浴指導員、温泉観光診断士など、11の温泉関連の資格を有する。根っからの温泉好きで、その知識と経験を生かし、全国での温泉セミナー講師をはじめ、温泉関連商品プロデュース、温泉開発アドバイザーなどとしても活動中。Spring Labo,LLC 代表。

カバー・本文デザイン：森山 典・矢中大輔（だん広房）、森山 漸
撮影・写真提供：杉本 圭
撮影：北出恭子　写真提供：川村剛弘
取材・写真協力：掲載各温泉施設、関係自治体観光セクション、九州観光推進機構
裏表紙イラスト：須本壮一　MAP 作成：ZOUKOUBOU
制作協力：松山 久、オリーブグリーン

〔参考資料〕

『温泉ソムリエテキスト』遠間和広 監修・編集
『温泉保養士養成テキスト』日本温泉保養士協会
『たった１℃が体を変える』早坂信哉 著（角川フォレスタ）

九州絶品温泉、ドコ行こ？

2016年5月20日　第1刷発行

著　者　　北出恭子
編　者　　ペガサス編集部
発行者　　八重　勉
発行所　　株式会社ペガサス
〒171-0021 東京都豊島区西池袋 1-5-3
TEL.03-3987-7936
印刷・製本　モリモト印刷株式会社

　ISBN978-4-89332-068-1